リュシス　恋がたき

プラトン
田中伸司・三嶋輝夫 訳

講談社学術文庫

目次

凡　例

・翻訳の底本としては、バーネット版のプラトン全集（John Burnet (ed.), *Platonis Opera*, Oxford University Press）を用いた。『リュシス』については第三巻（初版：一九〇三年、第一九刷：一九八五年）、『恋がたき』については第二巻（初版：一九〇一年、第一五刷：一九七六年）所収のテキストに拠った。バーネットとは異なる読みを採る場合には、訳註で説明を加えた。

・訳文の上段に付した数字とアルファベットは、ステパノス版プラトン全集（一五七八年）の頁と段落を示している。

・同じギリシア語の単語・文章でも、前後のつながりを考慮し、また表現の繰り返しを避けるために、別の訳を当てている場合がある。

・意味をとりやすくするために、適宜、引用符を用いるとともに、原文のままでは文意が不明確な箇所については、日本語を補って訳出した。

・ギリシア語を記す必要がある場合は、ローマ字表記で統一した。なお、カタカナ表記の場合、母音の長短については、従来の慣用に従った。

・訳文中で用いた［　］は訳者による補足・注記である。

リュシス　恋がたき

リュシス——友愛について

田中伸司 訳

［導入部］

203A アカデメイア[*1]からまっすぐリュケイオン[*2]に向かって、ぼくは城壁[*3]の真下の外側の道を歩いていた。パノプスの泉[*4]がある小さな門のところまで来たとき、そこでヒエロニュモスの子ヒッポタレスやパイアニア区のクテシッポス[*5]、そして彼らと一緒に他の若者たちが集まっているのに出くわした。ぼくが近づくのを見たヒッポタレスは「ソクラテス、いったいどこへ行かれるのですか。またどちらからおいでになったのですか」と言った。

B 「アカデメイアからだよ」とぼくは言った。「まっすぐリュケイオンに向かうところさ」。

「それでは、こちらへいらっしゃいませんか」と彼は言った、「まっすぐ私たちのところへ。寄り道されませんか。その価値はありますよ」。

「どこへだって？」とぼくは言った。「それに、その私たちのところへ、というのは誰のことかね」。

「こちらです」と言って、彼は城壁の向かいにあって戸が開いたままになっている何か塀で囲まれた建物を指さした。「あそこで時を過ごしているんです」と彼は言った。「私たち自身も、他のとても多くの美しい者たちもです」。

204A
「それで、あれはいったい何の建物かね。それに時を過ごすって、何をして？」

「体育所《パライストラ》*6です」と彼は言った。「最近建てられたのです。それで、たいてい議論をして過ごしています。その議論にあなたが加わってくださるなら、うれしいのですが」。

「それは結構だね」とぼくは言った。「でも、そこで教えているのは誰なのかね」。

「あなたのお仲間です」と彼は言った。「あなたの称賛者でもあるミッコスです」。

「ゼウスに誓って」とぼくは言った、「実に非凡な男*7、有能なソフィスト*8だ」。

「では、ついて来てくれますね」と彼は言った、「そこにいる者たちを見るために」。

B
「その前に、何のために私はそこに入ってゆくのか、またその美しい者とは誰なのか、聞かせてもらいたいね」。

「それは人によります、私たちそれぞれに美しいと思う者がいます、ソクラテス」と彼は言った。

「それで君にとっては、いったい誰なんだね、ヒッポタレス。それを私に言ってくれ」。

こう問われて、彼は赤くなった。*9そこで、ぼくはこう言った。「ヒエロニュモスの子ヒッポタレスよ、君が誰かに恋しているとかいないとか、言うには及ばないよ。君が恋しているだけでなく、もうすっかりその恋にはまり込んでいることも、私には分かって

C いるのだから。ほかのことではつまらぬ役立たずなのだが、私にはどうやら神から一つの能力が授けられているのだ、恋している者と恋されている者をすばやく見抜く力がね」。

これを聞いて彼はますます赤くなった。そこでクテシッポスが「しおらしいことだ」と言った、「赤くなるとはね、ヒッポタレスよ。しかも、ソクラテスにその名を言い出せずにいるとは。しかし、この方がほんの少しのあいだでも君と一緒に過ごされたなら、君からさんざん聞かされてぐったりしてしまうことになるだろうね。実際、ソクラテス、私たちの耳をリュシスでいっぱいにして聞こえなくしてしまうのです。しかも、
D この男が少しでも酒を飲んでしまうと、私たちは翌日眠りから覚めてもリュシスという名前が聞こえる気がする、ということがよく起こるのです。とはいえ、彼が長々と語るものは、恐ろしくはあるのですが、まだそれほどではありません。ところが、詩や文章にしたものを私たちに浴びせかけようとする時には、本当にぞっとします。そして、それら以上に恐ろしいのは、凄まじい声で恋する相手のために歌うことです。私たちはそれを我慢して聞かなければならないのです。それなのに、今はあなたに尋ねられて赤くなっているのです」。

E 「そのリュシスというのは若い人のようだね」とぼくは言った、「名前を聞いてもぼくが分からなかったところを見ると」。

205A

「それは、その名で人びとの口にのぼることがめったにないからです」と彼は言った。「父親があまりにも有名なので、いまだにその息子という呼び方がされているのです。その容姿をあなたが知らないなんてことはあろうはずがありませんからね。その容姿からだけでも知られるのに十分なのですから」。

「誰の息子なのか言ってくれ」とぼくは言った。

「アイクソネ区のデモクラテスです」と彼は言った。「その長男です」。

「そうか、ヒッポタレス」とぼくは言った、「これはまた、あらゆる点で、なんと高貴で素敵な恋を見つけたものだ。さあ、ここにいる人たちに見せているものを、私にも見せてくれたまえ。恋する者がその恋する相手について、その当の相手に向かって、あるいは他の人々に向かって何を語るべきか、君が心得ているかどうかを知るために」。

「では、ソクラテス」と彼は言った、「この男の言うことに何らか重きを置いているのですか」。

「この男が言った者に君が恋をしているということまで否定するのかね」とぼくは言った。

「いいえ、否定しません」と彼は言った。「しかし、恋する相手のために詩を作ったりはしていませんし、文章を綴ったりもしていません」。

「彼は正気ではないのですよ」とクテシッポスは言った。「錯乱してうわごとを言っているのです」。

　そこで、ぼくは言った。「ヒッポタレスよ、その若者に君が詩などを作ったとして、
B その詩や歌を聞きたいわけではないのだ。君が恋する相手にどんなふうにふるまってい
るのかを知るために、その狙いとするところを聞きたいのだ」。

「きっと、この男がお話しすることでしょう」と彼は言った、「事細かに知っていて記憶しているのですから。もし本当に、この男が言うように、いつも私から聞かされて耳が聞こえなくなっているならば、ですが」。

「神々に誓って、まったくそのとおりです」とクテシッポスは言った。「実際、ソクラ
テス、それがとんだお笑い草なのです。というのも、恋する者でありながら、そして誰
よりもその子に心を向けていながら、自分の口からは子どもでも言えるようなことしか
C 言えないなんて、これがお笑い草でなくて何でしょう。その子の父のデモクラテスや祖
父のリュシスや代々の先祖のことについて国中で歌われていることを、つまり富や馬の
所有や、それにピュートーやイストモスやネメアでの大祭[*10]における四頭立て馬車や騎馬
競走での数々の勝利など、そういったことを詩にしたり語ったりしているのです。おま
けに、もっと古くさいことまでも、です。一昨日は『ヘラクレスの歓待』なる詩のよう
D なものを私たちにまきちらしたのですから。リュシスの一族の先祖が、その先祖自身が
ゼウスとアイクソネ区の創設者の娘とのあいだに生まれた者なので、ヘラクレスと血縁

206A E

であるということでヘラクレスをもてなしたといった、本当におばあさんたちが歌っているようなことを、しかも他にもたくさん似たようなことをです、ソクラテス。この男が語ったり歌ったりしながら私たちにも聞くように強いたものとは、こういうものなのです」[*11]。

これを聞いて、ぼくは言った。「笑いものになりかねないね、ヒッポタレス。君は勝利を収める前に、自分のための賛歌を作って歌うのかい」。

「いえ、ソクラテス、私は自分のために詩を作ったり歌ったりしてはいません」と彼は言った。

「そう思っているだけだよ」とぼくは言った。

「それなら、本当はどうだというのですか」と彼は言った。

「これらの歌は、誰よりも君に向けられているのだよ」とぼくは言った。「もしそんなに素晴らしい恋の相手を得ることになれば、語られたことや歌われたことは君を美しく飾るものとなり、勝利を収めた者に与えられるような本当の賛歌になることだろう、このような恋の相手を手に入れたのだから。だが、もし逃してしまうなら、恋する相手についての賛歌が君によって壮大に述べられれば述べられるほど、それだけいっそう大切な美しくよき相手を失ったことになり、君は笑いものになるだろう。友よ、だから恋愛についてよく知っている人は、恋する相手を手に入れる前には褒めないものなのだよ、先行きがどうなるのかを心配してね。と同時に、美しい者たちは、人が褒めそやして増長させると、高慢さと尊大さでいっぱいになってしまうのだ。そう思わないかね」。

「私としてはそのとおりだと思います」と彼は言った。

「それでは、尊大になればなるほど、つかまえにくくなるのではないか」。

「きっとそうなります」。

「では、狩人が獲物を目覚めさせて捕えにくくしてしまうなら、その者を君はどのような狩人だと思う？」

B 「明らかに、へたくそな狩人です」。

「では、さらに、言葉や歌で魅了せずに獰猛にしてしまうとなると、まったく音楽の心得がない「野暮な」ことになる。そうではないかね」。

「そう思います」。

「ヒッポタレス、よく気をつけることだ。詩を作ることで、こうした過ちをすべて自分自身に負わせることにならないように。とはいえ、自分自身に害を与えるような者を、優れた詩人であるとは君は認めたりしないよね、自分自身にとって有害なのだから」。

「ゼウスに誓って認めませんとも」と彼は言った、「それはまったく不合理なことでし
C ようから。いや、そうしたことがあるからこそ、ソクラテス、あなたに相談しているのです。もし他に何か教えていただけることがあれば、どのような言葉を交わし、何をす

れば恋する相手に好かれるのか、助言してください」。
「口で説明するのは容易ではないね」とぼくは言った。「でも、その人が私と言葉を交
わすようにしてくれる気があるなら、君が語ったり歌ったりしているとこの連中が主張
していることの代わりに、どのようなことについてその人と対話しなければならないか
を、たぶん君に見せてあげられるだろう[*12]」。
「いや、それなら簡単です」と彼は言った。「というのも、あなたがこのクテシッポス
と一緒に中に入っていって座って話をされるなら、きっと彼も自分からあなたのところ
へやって来るからです——というのも、彼は話を聞くのが特別に好きだからです、ソク
D ラテス。それに、ちょうどヘルメスのお祭りが執り行われているので、青年と少年が混
じり合って同じところにいるのです——だから、あなたのところに来ますよ。もし来な
ければですが、クテシッポスとはそのいとこのメネクセノスを通じて親しくしていて、
リュシスはまさにメネクセノスのいちばんの仲良し[*13]なのですから。もし本当に彼のほう
から来ない時には、この男に彼を呼ばせましょう」。
「そうすることにしよう」とぼくは言った。そして、すぐにクテシッポスをともなって
E 体育所に入っていった。他の者たちもあとに続いた。
　中に入っていき、そこで目にしたのは、少年たちが供儀を済ませて儀式もほとんど終
わり、みな着飾ったまま骰子《サイコロ》遊びをしているところだった。少年たちの多くは中庭に出

て遊んでいたが、何人かは脱衣所の端のほうで、たくさんの骰子を使って、いくつかの
小籠から選び出しては、偶数か奇数かを当てる遊びをしていた。他の者たちは、彼らを
取り囲んで見物していた。まさにその中にリュシスもいた。少年たちや青年たちのあい
207A だに立っていて、花冠[*14]をして容姿の点で抜きん出ており、美しいと言うだけでなく、美
しくかつ高貴と言うにふさわしかった。そこで、ぼくたちは反対側のほうに離れて腰を
下ろし——というのも、そこは静かだったので——、いくらか言葉を交わし始めた。す
ると、リュシスは何度も振り返ってぼくたちのほうをうかがい、明らかに近くに来たそ
うにしていた。しばらくのあいだはまごついて一人でやって来るのをためらっていた。
B そうこうするうちにメネクセノスが遊びの途中だったが中庭から入ってきて、ぼくとク
テシッポスを見つけると、そばに来て座った。すると、メネクセノスを見たリュシスは
そのあとについてきて、メネクセノスの隣に座った。それから他の者たちも入ってき
た。もちろん、ヒッポタレスもまた、大勢が近くに立つのを目にすると、それらの人々
の後ろに隠れ、リュシスに嫌われるのを心配して、リュシスに気づかれないと思えた場
所に立った。そうした仕方で近くに立って、話に耳を傾けた。

［第一部］

207C
そこで、ぼくはメネクセノスのほうを見て、言った。「デモポンの子よ、君たちのどちらのほうが年上なのかね」。

「そのことで口論になります」と彼は言った。

「それでは、生まれはどちらのほうがよいのか、ということも言い争いになるだろうね」とぼくは言った。

「ええ、すごく」と彼は言った。

「もちろんまた、どちらが美しいかについても同様だろうね」。

すると、二人とも笑った。

「でも、君たちのどちらのほうが裕福なのか、とは尋ねないことにしよう。君たち二人は友だちなのだから。そうだろう？」

「ええ、とっても」と二人は肯定した。

「それでは、『友のものは共有』[*1]と言われているのだから、その点では君たちには何の違いもないことになる、君たち二人が君たちの友愛《ピリアー》について本当のことを言っているならね」。

　二人は同意した。

D　そこで、ぼくは次に彼らのどちらのほうがより正しく、そしてより知恵があるのかと尋ねようとした。すると、そうしている時に人がやって来て、体育教師がお呼びだと言ってメネクセノスを立たせた。彼は祭事の見張り役に当たっているらしかった。そうして彼が行ってしまったので、ぼくはリュシスに向かってこう尋ねた。

「リュシス、君のお父さんやお母さんはきっと君をとても愛していること[*2]だろうね」とぼくは言った。

「はい、まったくそのとおりです」と彼は言った。

「それなら、君がこの上なく幸福であるように、と願っているだろうね」。

「はい、もちろん」。

E　「ところで、君は他人に隷属していて、自分のやりたい[*3]ことを何もできない人を幸福だと思うかい」。

「私は、ゼウスに誓って[*4]、そう思いません」と彼は言った。

「それでは、お父さんやお母さんが君を愛し、君が幸福になることを欲しているのなら、どうすれば君が幸福になれるのかということに熱心であることは、まったく明らかだね」。

「もちろんです」と彼は言った。

「それなら、君が望むことをやらせてくれて、君のやりたいことなら何一つ叱りもせず、制止もしないのだろうか」。

「ゼウスに誓って、ソクラテス、私なんて本当にとてもたくさんのことを制止されています」。

208A
「どういう意味かね」とぼくは言った。「君の幸せを願っているのに、何でも君の望むことをやらせてくれないのかい。では、次の点に答えてくれ。もし仮に君がお父さんの車のどれかに乗って手綱《たづな》をとり、競技が催される時に走らせようとする場合、お父さんは君がそうするのを許さず、止めるだろうか」。

「ゼウスに誓って、決して許してくれません」と彼は言った。

「では、いったい誰になら許すのだろうか」。

「御者がいて父から報酬を得ています」。

「どういうことだ？　君よりも雇った者に、馬に関してその者が望むままに何でも行わせ、それに加えてまさにその好きなようにやったことに対して金銭を支払っているのかね」。

B
「そうでなくてどうでしょう」と彼は言った。
「でも、たぶんラバが牽《ひ》く乗り物なら君に指図を任せ、君が鞭を手にとってラバを打ち

C

たいと望んだとすれば許してくれることだろう」。

「どうして許してくれるでしょう？」と彼は言った。

「何だって？　誰にもラバを打つことは許されていないのか」とぼくは言った。

「ラバ追い人には、それはもう大いに」と彼は言った。

「その者は奴隷なのか、それとも自由人なのか」。

「奴隷です」と彼は言った。

「どうやら、奴隷のほうを息子である君よりも重んじ、自分たちのものを君よりもむしろ奴隷に任せて望むまま行わせ、他方で君に対してはそうさせないようだね。もう一つ、次のことを言ってくれたまえ。君が自分で自分自身に指図することは許してくれるのかね、それともそれも君には任せてくれないのだろうか」。

「どうして任せてくれるでしょう？」と彼は言った。

「では、誰が君に指図するのかね」。

「この男です、守り役です」と彼は言った。

「まさか奴隷なのではあるまいね」。

「いや、そうなんです。わが家の奴隷です」と彼は言った。

「それはひどいね、自由人でありながら奴隷に指図されるとは。それで、その守り役が君に指図するというのは、どんなことをするのかね」。

「もちろん、教師のところへ連れていきます」と彼は言った。

「まさか、その人たちも君に指図するのではないだろうね、つまり教師たちだが」。

D 「もちろん、指図ばかりです」。

「すると、とても多くの支配者や監督者を、お父さんは君にあえてつけていることになる。でも、家でお母さんのところに行く場合には、お母さんが機織《はたお》りをされている時であれば、糸だろうと機織り機だろうと、お母さんにとっては、君が幸せになるためなら、何でも望むことをさせてもらえるのだろう？ 君が筬《おさ》や梭《ひ》や他の糸紡《いとつむ》ぎ仕事の道具に触れるのを、お母さんはきっと止めはしないだろうからね」。

E すると、彼は笑って、「ゼウスに誓って、ソクラテス、止められるだけでなく、触《さわ》ったら打たれることでしょう」と言った。

「おやおや、君はまさかお父さんやお母さんに何か悪いことをしたのではないだろうね」。

「ゼウスに誓って、決してしていません」。

「しかし、いったい何のために、ご両親は君が幸福であるのを、すなわち何でも望むことをするのを、それほど厳しく妨げ、一日中いつも君を誰かに隷属させて、一言で言えば、君が望むことはほとんど何もさせずに育てているのだろうか。そのせいで、見たところ、それほどの財産があっても君には何の益ももたらさず、それらの財については誰

209A もが君よりは意のままにしており、これほど秀でた身体にしても何の益も得ることはなく、その身体すら他人が導いて世話をしている。他方、リュシスよ、君はといえば誰一人支配せず、やりたいことも何一つやっていないのだ」。

「私がふさわしい年齢にまだ達していないからです、ソクラテス」と彼は言った。

「デモクラテスの子よ、年齢が妨げになっているわけではないだろう。少なくとも、私の思うところでは、次のようなことなら、お父さんもお母さんも許してくれるし、年齢に達するまで待ったりはしないのだから。つまり、お父さんやお母さんが何かを読んだ
B り書いたりしてもらいたいと思う時には、家の中の誰よりもまず君にそのことを頼むと私は思う。そうではないかね」。

「ええ、確かに」と彼は言った。

「その場合、どの文字であれ、君ははじめに書きたい字を書くことができるし、次に書きたいと思う字だって書くことができる。読むことも同様にできる。また、君がリュラ[*5]を手にする時には、お父さんもお母さんも、君がそうしたいと思う弦を締めたり弛《ゆる》めたりしても、指で弾《はじ》いても撥《ばち》で打ち鳴らしても、止めたりはしない。それとも、そうしたことまで止めるのだろうか」。

「いいえ、決して」。

C 「では、リュシス、お父さんやお母さんがそれらのことでは君を止めず、さっき言って

D

いたことでは止める、その理由[*6]はいったい何だろうか」。

「それらのことについては知識があるけれど、先ほどのことについてはそうではないからだと思います」と彼は言った。

「そうだ、素晴らしい[*7]」とぼくは言った。「そうすると、お父さんはすべてを任せるにあたって、君の年齢を待っているわけではない。君のほうが自分よりも思慮をよりよく働かせる[*8]とお父さんが考えたその日に、自分自身も自分自身のもっているものも君に委ねることだろう」。

「はい、私としてはそう思います」と彼は言った。

「そうだね。では、こういうのはどうだろう」とぼくは言った。「君に関して、お父さんにあてはまるその同じ基準は、隣人にもあてはまるのではないか。君はどう思うかね、隣人が自分よりも君のほうが家政について思慮をよりよく働かせると考える時には、君に自分の家産の経営を委ねるだろうか。それとも自分で監督するだろうか」。

「私に委ねると思います」。

「では、どうだろう。アテナイ人たちが、君には十分に思慮の働きがそなわっていると気づくとき、君に自分たちのことを委ねないと君は思うかね」。

「委ねてくれると思います」。

「ゼウスに誓って、では大王[*9]はどうだろう」とぼくは言った。「肉が煮られるとき、そ

のスープの中に入れたいと思うものを何でも投げ入れることを[*10]大王が委ねるのは、アシ
E ア[*11]の支配がその手に帰することになる彼の長男だろうか。それとも、もし私たちが大王
のもとへ行って、料理をすることについては彼の息子よりもいっそう見事に思慮を働か
せることを示したなら、私たちのほうになるだろうか」。

「当然、私たちのほうです」と彼は言った。

「息子にはほんの少しの塩も入れさせないが、私たちがたとえ手にいっぱいの塩を入れようとしても、許してもらえるだろう」。

「もちろんです」。

「もし息子が目を病んでいるとすれば、どうだろう。大王は息子を医者だと考えていな
210A いのに、息子が自分自身の目に触《さわ》るのを許すだろうか、それとも止めるだろうか」。

「止めるでしょうね」。

「大王が私たちのことを医術に通じていると思うなら、たとえ息子の目を開けて灰をふりかけたいと思っても[*12]、私たちが正しく思慮を働かせていると考えて、止めたりはしないだろうと思う」。

「おっしゃるとおりです」。

「そうすると、その他のどんなことでも、自分たちよりも私たちのほうがより知識があると彼に思われる事柄については、自分自身や息子よりも私たちに委ねるのではないだ

ろうか」。
「必ずそうなります、ソクラテス」と彼は言った。
B 「すると、こういうことになるね、親愛なるリュシス」とぼくは言った。「私たちが思
慮をもつようになった事柄については、誰もが、ギリシア人であれ異邦人であれ、男で
あれ女であれ、私たちに任せるだろう。それらに関しては、私たちはしたいと思うこと
を何でも行い、誰一人私たちを故意に妨げることはなく、それどころか私たち自身はそ
うした事柄において自由であり、他の人々を支配し、それらの事柄は私たちのものであ
ることになるだろう。私たちはそれらのことから益を得るだろうからね——他方、私た
ちには心得がないことについては、私たちがよいと思っても、私たちにそれをなすこと
を任せてくれるような人はおらず、誰もができるかぎり邪魔をするだろう。他人ばかり
C か、お父さんやお母さんも、もし親以上の身内があるなら、それ[*13]も邪魔をするだろう。
そうした事柄において、私たち自身は他の人々に従属することになり、それらのことは
私たちにとって自分のものではなくなるだろう。というのも、それらから何の益を得る
こともないだろうからね。以上のようになっていることに、君は同意するだろうか」。
「同意します」。
「そうすると、何であれ、私たちが益をもたらさない事柄においては、私たちは誰かに
とって友になるだろうか、すなわち誰かが私たちを愛してくれるだろうか」。

「決してそんなことはないでしょう」と彼は言った。

「では、そうすると、お父さんは君を愛さないし、またおよそ無用な者であるかぎり、他の誰一人として誰かを愛することもないわけだ」。

「そういうことになるでしょうね」と彼は言った。

D 「すると、もし君が知恵ある者になるなら、君[*14]、あらゆる人が君にとって友になるだろうし、すべての人が君にとって身内になる――というのも、君は有用であるとともに、よき者[*15]なのだから。他方、もしそうでないなら、他の誰も君と友にはならないだろう、お父さんもお母さんも身内の者たちも、だ。ところで、リュシス、人はまだ思慮をもっていないような事柄については、よく思慮を働かせることができるだろうか」。

「どうしたらそんなことがありうるでしょうか」と彼は言った。

「そうすると、もし君が教師を必要としているのなら、君はまだ思慮を働かせていないのだ」。

「そのとおりです」。

「とすると、まだ思慮をもっていないからには、君は思慮深い者ではない」。

「ゼウスに誓って、ソクラテス、そう思います」と彼は言った。

E ぼくはリュシスの答えを聞き、ヒッポタレスのほうを見た。そして危うく過ちを犯すところだった。というのも、「ヒッポタレス、恋する相手とは、このように対話するべきなのだ。高慢さを挫《くじ》いて慎みを覚えさせるのであって、君のように、うぬぼれさせて甘やかすのではなくてね」と言おうとしたからだ。ところが、今の議論でヒッポタレスがうろたえて混乱に陥っているのを目にしたので、彼がリュシスのそばにいることさえ気づかれたくなかったのを思い出した。そこで、ぼくは心を落ち着かせ、言葉をかけるのをやめることにした。

[第二部]

211A そうこうするうちに、メネクセノスが再びやって来て、リュシスの隣の、もといたところに座った。すると、リュシスはいたずらっぽく、そして親しげに、メネクセノスには知られないように、ぼくに向かってこうささやいた。「ソクラテス、私に話したことをメネクセノスにも言ってやってください」。

そこで、ぼくはこう言った。「リュシス、それについては君が彼に話しなさい、ずっと注意して聞いていたのだから」。

「ええ、確かに」と彼は言った。

「それでは、今話したことをできるかぎり思い起こしておいてくれたまえ。彼に何もか
B も明確に話してやれるようにね。でも、もし何か話の中で忘れたことがあれば、今度会
った時にまた尋ねてくれ」。

「ええ、もちろんそうします、ソクラテス、きっとです。それでは、家に帰る時刻になるまで、何か別のことを彼に話してやってください、私も聞けるように」。

「では、そうしなければならないね」とぼくは言った、「君も求めているのだから。で

も、メネクセノスが反駁してくる時には私を助けられるように、注意して見ていてくれたまえ。それとも君は、彼が議論好き[*1]なのを知らないのかい」。

C 「ゼウスに誓って、度を越しています」と彼は言った。「だからこそ、あなたに彼と対話してほしいのです」。

「笑いものになるためかい」とぼくは言った。

「とんでもありません、彼をこらしめるためです」と彼は言った。

「どうやって？　たやすいことではないよ」とぼくは言った。「この人間は凄い[*2]からね、クテシッポスの弟子なのだから。ほら、ご当人が傍《かたわ》らに控えている——目に入らないかい？　クテシッポスだ」。

「ソクラテス、他のことなど何も気にせず」と彼は言った、「さあ、彼と対話してください」。

「そうしなければならないね」とぼくは言った。

　こうしたことを互いに話していると、クテシッポスが「なぜあなたたちは自分たちだ

D けで楽しんでいて、私たちに言論を分け与えてくれないのですか」と言った。

「もちろん分け与えなくてはね」とぼくは言った。「というのも、この子は私の話すことで分からないことがあり、でもメネクセノスなら知っていると思うと言っていて[*3]、それで彼に尋ねてくれ、と求めているのでね」。

「それなら、なぜ質問しないのですか」と彼は言った。
「では、質問しよう」とぼくは言った。「メネクセノス、私が問うことに答えてくれたまえ。人それぞれに欲しいものがあるように、実は私にも子どもの頃から欲しいものがあるのだ。実際、ある人は馬を手に入れたいと思い、またある人は犬を、ある人は黄金
E を、そしてある人は名誉を手に入れたいと思う。私はといえば、そうしたものには無頓着でいられるのだが、友を得ることには恋い焦《こ》がれるのだ。自分によき友ができることを望むのは、人々のあいだに見られる最も優れたうずらや雄鶏への想い[*4]以上なのだ——ゼウスに誓って、馬よりも犬よりも、だ。犬に誓って[*5]、［ペルシア大王である］ダレイオスの黄金よりも、あるいはダレイオス自身よりも、もっとずっとまずは友人を手に入れたいと思っている——これほどにも私は友人好きな者[*6]なのだ。それで君たちを、君と
212A リュシスを見て、君たちはそんなに若いのに、この宝をすばやくやすやすと手に入れることができているので、つまり君は彼を、そしてまた彼は君を、このように友としてすばやくしっかりと手に入れているので、私は驚かされると同時に、君たちを幸福だと思っているのだ。私はといえば、この宝物には手が届かず、どうやってある人が別のある人の友になるのかさえ知らない始末なのだ。そうしたわけで、まさにそうしたことについて、君には経験があるのだから、尋ねたいと思っているのだ。
B では、答えてくれ。誰かが誰かを愛する[*7]とき、どちらがどちらの友になるのか、愛す

C

る者が愛される者の友になるのか、あるいは愛される者が愛する者の友になるのか、それとも何の違いもないのか」。

「私には何の違いもないと思われます」と彼は言った。

「それを君はどういう意味で言っているのかな。何の違いもないとすると、ただ一方が他方を愛するだけで、両者はお互いの友になるのだろうか」とぼくは言った。

「私はそう思います」と彼は言った。

「では、どうだろう。自分は愛しているのに、その自分が愛している相手に愛し返してもらえないことがあるのではないか[*8]」。

「あります」。

「では、どうだろう。愛しているのに、憎まれさえすることもあるのではないだろうか。恋する者もまた恋する相手からそんな目に遭わされていると時折思うようにね。というのも、せいいっぱい愛しているのに愛し返してもらえないと思っていたり、憎まれているとさえ思っていたりするからだ。それとも、君にはこのことが本当だとは思われないだろうか」。

「いえ、まったく本当のことです」と彼は言った。

「そうだとすれば、そのような場合、一方は愛し、他方は愛されているのではないだろうか」とぼくは言った。

「ええ」。

「すると、二人のうちのどちらがどちらの友なのだろうか。たとえ愛し返されなくても、あるいは憎まれてさえいようとも、愛する者が愛される者の友なのか、それとも愛されている者が愛する者の友なのか。あるいはまた、このような場合には、両者が互いに愛し合っていなければ、どちらもどちらの友であることはないのだろうか」。

「少なくとも、どちらの友でもないようです」。

D 「すると、今私たちは、さっきそう思われたのとは違う意見をもっていることになる。すなわち、さっきは一方が愛していれば両方とも友だと思われたのに、今は両方ともが愛していないかぎり、どちらも友ではないと思われるのだから」。

「たぶん、そうなります」と彼は言った。

「すると、愛する者にとっては、愛し返してくれないかぎり、何もの[*9]も友ではないことになる」。

「そう思います」。

「すると、馬が愛し返してくれないかぎり、誰も馬を愛する者ではなく、うずらを愛する者でもなく、また犬好きな者も酒好きな者も運動好きな者でもなくなり、知恵が彼らを愛し返してくれないかぎり、知を愛する者［哲学者］でもなくなるわけだ。それと

E も、どの人もそうしたものを愛してはいるが、友［愛しいもの］としてではないのであ

って、かの詩人は嘘をついたことになるのだろうか。詩人は次のように語っているのだ。

　幸いなるかな、
　子どもたちや一つ蹄《ひづめ》の馬どもや、猟犬どもや他国の客人が友である者は[*10]」。

「私には嘘をついているとは思えません」と彼は言った。
「では、君には本当のことを言っていると見えるのだね」。
「ええ」。
「すると、メネクセノス、愛されているものは愛していようが憎んですらいようが、愛
する者にとっては友であるようだ。例えば、物心がつく前の子どもにも、まだ愛すると
213A いうことがない者もいれば、母親や父親に叱られる時には憎みさえする者もいるが、子
どもたちが憎んでいるその時にも、やはり子どもたちは親たちにとっては何にもまし
て、いちばんの友[*11]なのだ」。
「私もまったくそうだと思います」と彼は言った。
「すると、この議論によれば、愛する者が友なのではなく、愛されている者が友であることになる」。

「そう思われます」。

「すると、憎まれている者が敵なのであって、憎んでいる者のほうではないわけだ」。

「そのように見えます[12]」。

B

「すると、多くの者が敵によって愛され、友によって憎まれることになり、つまり敵にとっては友、友にとっては敵となる――もし愛するものではなく、愛されるものが友であるならね。親しき友よ[13]、けれども、友にとっては敵、敵にとっては友というのは、まったく不合理[14]、いや、むしろ不可能であるとさえ私は思う」。

「ソクラテス、おっしゃるとおりでしょうね」。

「それでは、もしそれが不可能だとすると、愛するものが愛されるものの友であることになる」。

「そうなります」。

「すると、憎んでいるものは、今度は憎まれているものの敵になるわけだ」。

「必然です」。

C

「そうすると、私たちは、さっきの議論で行ったのとまさに同じことに同意しなければならないことになる。すなわち、友ではないものの友であることも稀ではないし、敵の友であることすらめずらしくない――自分を愛してくれないものを愛したり、自分を憎んでくるものを愛したりする時には、と。そして、敵ではないもの、あるいは友でさえあるものの敵であることも稀ではない――人が自分のことを憎んだりしないものを、あるいは愛してさえくれているものを憎んだりする時には、と」。

「そうなりそうです」と彼は言った。

「では、私たちはどうすればいいのだろう。もし愛する者たちも友ではなく、愛される者たちも、愛しかつ愛される者たちも友ではないとすれば。それとも私たちは、これらの他にもまだ何か互いに友となる者がある、と言うことにしようか」とぼくは言った。

「ゼウスに誓って、ソクラテス、私にはどうしていいか、まったく分かりません」と彼は言った。

［第三部］

213D 「メネクセノス、私たちはまったく正しくない仕方で探究していたのではないだろうか」とぼくは言った。

「ソクラテス、正しくなかったと思います」とリュシスは言い、そう言うと同時に赤くなった。実際、彼はとても熱心に議論に心を向けていたために思わず口をはさんだように思われたし、話を聞いているあいだ中そうだったのは明らかだった。

そこで、私はメネクセノスに休息させたいと思い、またリュシスの知恵への愛《ピロソピアー》を喜ば
E しく思ったので、リュシスのほうを向き、議論を始めようとして、こう言った。

「リュシス、君の言っていることが当たっていると思うよ。つまり、もし私たちが正しく探究していたのなら、こんなふうにさまようことは決してなかった、ということだ。[*1] では、そちらにはもう行かないことにして――というのも、実際、この探究はどうやら困難な、いわば悪路のように見えるからね――私たちが向きを変えた方向に進むべきだ
214A と思う。詩人たちに従って探究しながら。というのも、詩人たちは私たちにとっては知恵の父、そしてまた指導者のような存在なのだから。詩人たちは、まさしく友である者

たちについて、確かに並々ならぬ仕方で明らかにしながら語っているのだ。すなわち、神が自ら彼らを互いのもとへと導いて友にすると主張している。私が思うに、そういうことを次のような仕方で語っているのだ。

　　絶えず神は似た者を似た者へと導き、[*2]

B そして知り合わせる、と。それとも、こうした詩句に出会ったことはないかね」。

「あります」と彼は言った。

「それでは、まさにこうしたことを述べている、最も優れた賢者たちの書物にも出会ったことはないだろうか。『似たものが似たものにとって友であることは常に必然だ[*3]』と述べている書物だ。その人たちは、確か自然や万有について論じ、書を著している人たちだ」。

「あなたの言われるとおりです」と彼は言った。

「では、彼らはうまく語っているだろうか」とぼくは言った。

「たぶん」と彼は言った。

C 「おそらく、その半分は、あるいは全部かもしれないが、私たちは彼らの言うことを分かっているわけではない。というのも、劣悪な者は劣悪な者にとって、より近づいて知

D

り合えば知り合うほど、いっそう敵になると私たちには思われるからだ[*4]。というのも、劣悪な者は不正を働くからだ。しかし、不正を働いたり、不正をこうむったりしながら友であることは不可能だろう。そうではないか」。

「ええ」と彼は言った。

「したがって、この点では、言われたことの半分は真実ではないことになるだろう――劣悪な者たちが本当に互いに似ているとすれば」。

「あなたの言われるとおりです」。

「では、善い者たちは互いに似ていて友であるが、他方、悪い者たちは――彼らについてよく言われてもいることだが――自分たち自身が自分たち自身にすら決して似ておらず、気まぐれで変わりやすい、ということを言っているのだと私には思われる。自分自身が自分自身に似ておらずに異なっているものが、他のものに似たものになったり友になったりすることはまずありえない。君もそう思わないかい」。

「私もそう思います」と彼は言った。

「したがって、君[*5]、似たものが似たものにとっての友だと言っている人々は、そのことを謎めかして語っているのだと私には思われる。すなわち、善い者だけが善い者とだけ友となり、悪い者は善い者とも悪い者とも決して真実の友愛に入ることはないのだ、と。君にもそう思われるだろうか」。

彼はうなずいた。

「そうすると、私たちはもうすでに、友とは誰であるかの答えを手にしていることにな
E る。なぜなら、ここまでの議論は私たちに、善くある者たちが友であることを示してい
るからだ」。

「まったくそのとおりだと思います」と彼は言った。

「私もそう思う」とぼくは言った。「とはいうものの、そこには何かしっくりこないと
ころがある。さあ、それでは、ゼウスに誓って、私が何に疑念を抱いているのか、見て
いこう。似た者は似た者にとって、似ているというかぎりで友であり、そしてそのよう
な者がそのような者にとって有用でありうるのか。[*6]むしろ、こう言おう。何であれ似て
いるものは、何であれ似ているものに、どのような利益や害をもたらすことができるの
か——自分では自分自身に与えることのできない利益や害を。あるいは、何を受け取る
215A ことができるのか——自分自身では受け取ることのできないものを。つまり、そうした
ものどもは、互いに何の助けになるものももっていないのに、どのようにして互いに愛
される[*7]ことができるのだろうか。何か、そういう手があるだろうか」。

「ありえません」。

「では、愛されないものが、どのようにして友でありうるだろうか」。

「決してありません」。

「それなら、似た者が似た者にとって友なのではない。他方、善い者は善い者にとって、善くあるかぎりで――つまり、似ているからではなく――友でありうるのではないだろうか」。

「おそらく」。

「では、どうだろう。善い者は、善くあるかぎりで、その善くあることについては自分自身で十分足りているのではないか」。

「ええ」。

「ところで、十分足りている人は、その足りているという点で、何も必要としない」。

「もちろんです」。

B
「しかし、何も必要としない人は何かを愛することもないだろうね」。

「確かにそうです」。

「しかし、愛することのない人が、愛し求める[*8]ことはありえない」。

「決してありません」。

「ところで、愛し求めない人は少なくとも友ではない」。

「そのように思われます[*9]」。

「それでは、いったいどのようにすれば、善い者たちが善い者たちにとって、私たちから見て友になるのだろうか。彼らは一緒にいなくても互いを慕《した》い求めることはなく――

なぜなら離れていても自分だけで十分足りているからだ――、そばにいても互いを必要としないのに。では、どうすれば、このような人たちが互いを大事にするようになるのだろうか」。

「どうやっても無理です」と彼は言った。

C
「しかし、自分たち同士を大事にしないのなら、決して友ではありえないだろうね」。

「そのとおりです」。

「それでは、リュシス、よく見てくれ、どこで私たちが道を誤ったのか。私たちはほとんどすっかりと言っていいほど欺《あざむ》かれているのではないだろうか」。

「いったいどのようにして？」と彼は言った。

「かつて私はある人の話を聞いたことがあって、ちょうど今思い出したのだが、似たものが似たものにとって、つまり善い者たちは善い者たちにとっていちばんの敵だというのだ。しかも、ヘシオドスを証人として連れてきていた。かのヘシオドスが言うには、つまり、

　陶工は陶工に敵愾心を燃やす、歌い手は歌い手に、
D
　そして物乞いは物乞いに。[*10]

だから、他のものもすべてこのように、とりわけ最も似たもの同士が互いに対して妬《ねた》
みと競争心と敵意でいっぱいになり、他方、最も似ていないものどもは友愛で満たされ
るのが必然である、と。なぜなら、貧しい人は金持ちと、弱い者は強い者と、そして病
人は医者と、援助を求めるために友になるのが必然であり、だから総じて知をもってい
E ない人は知のある人を愛し、そして愛し求めるからだ、と。その人物は、さらになおい
っそう壮大に議論を展開して、こう言っていた。つまり、似たものが似たものにとって
友であるどころではなく、そのまさに正反対なのである。というのも、最も反対のもの
が最も反対のものにとって最も友だからである。すなわち、そういうものを、それぞれ
が欲するのであって、似たものを欲しているのではないからだ。なぜなら、乾いたもの
は湿ったものを、冷たいものは熱いものを、苦いものは甘いものを、鋭いものは鈍いも
のを、空虚なものは満ちることを、満ちたものは空虚になることを、そして他のことど
もも同じ理屈でそのように欲しているからだ、と。つまり、反対のものが反対のものに
とって養分だからであり、つまり似たものは似たものから何も得ることはないからだ、
216A と。[*11] いや、確かに、君、[*12] こういったことを主張しているその人物は、冴えた人のように
思えた。適切に語っていたからね。君たちには、彼の主張はどう思われるだろう」とぼ
くは言った。

「このように聞くかぎりでは、うまいと思います」とメネクセノスが言った。

B

「そうすると、私たちは、反対のものが反対のものにとって最も友であると主張することにしようか」。

「ええ、そう主張します」。

「そうかね」とぼくは言った。「メネクセノス、おかしくはないだろうか。私たちのところにはすぐに、あの論駁家という、ものすごく頭の切れる男たちがうれしそうに襲いかかってきて、敵意は友愛にとって最も反対なのではないか、と尋ねることになるのではないか。彼らに何と答えようか。それとも、彼らの言うとおりだと同意するほかないのだろうか」。

「そうするしかありません」。

「それではいったい、と彼らは言うだろう、敵が友にとって友なのか、それとも友が敵にとって友なのか、と」。

「どちらでもありません」と彼は言った。

「では、正しいものが不正なものと、あるいは節度あるものが放埒なものと、あるいは善いものが悪いものと友であったりするのだろうか」。

「そんなことはありえないと私には思えます」。

「しかしながら、その反対であるというかぎりで、何かが何かにとって友であるからには、そうしたものどももまた友であるのが必然なのだ」とぼくは言った。

「必然です」。

「すると、似たものが似たものにとって友なのでもなければ、反対のものが反対のものにとって友なのでもないことになる」。

「そうなるようです」。

C 「では、さらに次の点も調べてみよう。友とは本当はそれらのどれでもなく、善くも悪くもないものが、そのようにして時には善いものの友になっているのであって、そのことに私たちはずっと気づかずにいるのではないか、という点だ」。

「どういうことですか」と彼は言った。

「いや、ゼウスに誓って、分かっているわけではないのだ。本当に私自身、議論がいきづまったために目眩《めまい》がしていて」とぼくは言った、「それで昔のことわざに言うとおり、美しいものが友である[*13]ように思うのだ。それは、ともかく何か柔らかくて滑らかで
D つるつるしたものに似ていて、それゆえおそらくやすやすとすり抜けて私たちから逃れていく、そういうものだからね。つまり、私は、善いものは美しい、と言いたいのだ。君はそう思わないかね」。

「思います」。

「では、霊感に導かれて、こう言うことにしよう。善くも悪くもないものが、美しく善きものの友である、と。どのようなものについて私が託宣を告げているのか、聞いてほ

しい。いわば三つの種類のものがあると私には思われるのだ。すなわち、善いもの、悪いもの、そして善くも悪くもないものが。[*14] 君はどう思うかね」。

「私もそう思います」と彼は言った。

「そして、善いものが善いものと、悪いものが悪いものと、善いものが悪いものと友であることは——先ほどの議論も許さなかったように——ないと思う。だから、何かと何
E かが友であるからには、善くも悪くもないものが善いものの友であるか、あるいはそれ自身と同じようなものの友である、ということが残る。というのも、おそらく、何かが悪いものと友になることは決してないからだ」。

「おっしゃるとおりです」。

「そしてまた、似たものが似たものと友になることは決してない、と私たちはたった今、主張していた。そうではないかね」。

「はい」。

「すると、善くも悪くもないものにとって、それ自身と同じようなものは友ではないわけだ」。

「そのように思われます」。

217A 「すると、善くも悪くもないものは、善いものとだけ友になる、ということが帰結することになる」。

B

「それが必然、ということになるでしょう」。

「では、少年たちよ、はたして今の私たちの議論は私たちをうまく導いているだろうか」とぼくは言った。「少なくとも健康な身体を考えてみれば、何ら医術や援助[*15]を必要としない。というのも、その身体は十分な状態にあるからで、したがって健康な者たちは誰もその健康ゆえに医者と友になることはない。そうではないだろうか」。

「ええ、誰もなりません」。

「しかし、病人はその病気ゆえに医者と友になると私は思う」。

「もちろんです」。

「病気は悪いものであり、医術は有益で善いものである」。

「はい」。

「しかし、身体は、思うに、身体であるというかぎりでは、善くも悪くもない」。

「そのとおりです」。

「だが、身体は、病気ゆえに、医術を歓迎し、愛し求めざるをえない」。

「そう思われます」。

「すると、悪くも善くもないものが、悪がそなわる[*16]がゆえに、善いものの友になるのだ」。

「そのようです」。

「だが、明らかに、それ自身が自分のもっている悪いものによって悪くなってしまう前
のことだ。なぜなら、悪くなってしまえば、もはや善いものなどを欲することはなく、
C 友になることも決してないからだ。というのも、私たちは、悪いものが善いものと友で
あるのは不可能だと言っていたからだ」。

「確かにありえないことです」。

「では、私の言うことについて考えてみてくれ。つまり、私の主張では、あるものは自らにそなわるものと同じようなものに自分自身もなるが、あるものはそうならない。例えば、もし誰かが何らかの色で何かを塗ろうとすれば、思うに、塗られたものには上に塗られた色がそなわるようにね」。

「ええ、確かに」。

「そうすると、そのとき塗られたものは、色の点で、その上にあるものと同じだろうか」。

「おっしゃっていることが分かりません」と彼は言った。

D 「では、こう考えてくれたまえ」とぼくは言った。「もし誰かが君の亜麻色の髪を鉛白*17
で塗ったとすれば、そのとき君の髪は白くあるのだろうか、それとも白く見えているだ
けだろうか」。

「白く見えているだけです」と彼は言った。

E

「けれども、髪には白さがそなわってはいる」。

「はい」。

「しかし、それにもかかわらず、この時はまだ少しも白くあるのではない。白さがそなわってはいるが、何ら白くもなければ黒くもない」。

「おっしゃるとおりです」。

「だが、君[*18]、老年が髪にその同じ色をもたらした時は、その時はまさにそなわっているもののようになる。すなわち、白さがそなわることによって白くなるのだ」。

「もちろんですとも」。

「このことを私は今、尋ねているのだ。つまり、およそ何かがあるものにそなわる時はいつも、その何かを所有するものはそなわってくるその何かと同じようなものになるのか、それとも、ある仕方でそなわるなら同じようなものになるが、そうではないなら同じようなものにはならないのだろうか」。

「後者です」と彼は言った。

「すると、悪くも善くもないものも、時には、悪がそなわっていてもまだ悪くなっていないこともあれば、すでに悪くなってしまっていることもあるわけだ」。

「ええ、確かに」。

「だとすると、悪がそなわってはいるがまだ悪くなりきってはいない時は、悪がそなわ

っていることが悪くも善くもないものに善を欲求させることになる。だが、それが悪く
も善くもないものを悪くさせてしまうと、善への欲求と同時に善への愛求［友愛］も奪
218A うことになる。というのも、もはや悪くも善くもないのではなく、それは悪くなってし
まっているからだし、他方で、悪いものは善いものと友ではなかったのだからね」。
「確かにそうです」。
「以上の理由から、私たちは、すでに知のある者たちが――人間たちであれ神々であれ
――、知を愛し求める[*19]［哲学する］ことはもはやなく、そして無知であるために悪くな
ってしまった人たちもまた知を愛し求めることはない、というのも悪くて無教養な人は
誰も知を愛し求めることはしないから、と主張することができるのだ[*20]。したがって、残
るのは、無知というこの悪をもってはいるが、まだその悪によって無知で無教養にはな
B りきっておらず、自分たちの知らないことは知らないとまだ考えている人たちである。
それゆえ、まだ善くも悪くもない者たちが知を愛し求めるのであり、他方、悪くなって
しまっている者たちは知を愛し求めることはなく、また善き人々も知を愛し求めること
はない。というのも、反対のものは反対のものの友ではなく、似たものは似たものの友
ではないということが、先の議論で私たちには明らかになったからだ。君たちは覚えて
いないだろうか」。
「もちろん覚えています」と二人は言った。

C

「すると、今や」とぼくは言った、「リュシスとメネクセノスよ、私たちは何にもまして、友とは何であり、何でないかを見つけたのだ。すなわち、私たちはそれを次のように主張する。魂についてであれ、身体についてであれ、あらゆることについて、悪くも善くもないものが、悪がそなわるがゆえに善の友である、と」。

二人は、まったくです、と言って、答えが以上のようであることに同意した。

［第四部］

218D

さらには、ぼく自身も、何か狩人のように、追いかけていた獲物を手にして満足し、すっかり喜んでいた。すると、どこからとも知れず、ぼくたちによって同意された議論は間違っているのではないか、というとても奇妙な疑いが浮かんできた。ぼくはその疑いにたちまち圧迫されて、こう言った。「いやはや、リュシスにメネクセノス、金持ちになったのは夢だったようだ」。

「いったいなぜですか」とメネクセノスが言った。

「ペテン師たちのような」とぼくは言った、「何かそのような議論に、友に関して出会ってしまったのではないかと思うのだ」。

「いったいどうしてですか」と彼は言った。

「こう考察してみよう」とぼくは言った。「友である人がいるとすれば、その人は何ものかと友であるのではないか。違うかね」。

「必然です」と彼は言った。

「それでは、それは何のためでもなく、また何のゆえでもないのか、それとも何かのために、そして何かのゆえに、なのだろうか」。

「何かのために、そして何かのゆえに、です」。

「その何かは、つまりそのために友が友と友である当のものは、友なのだろうか、それ
E とも友でも敵でもないのだろうか」。

「あまりよく話についていけません」と彼は言った。

「それもそうだね」とぼくは言った。「では、こう言えば、おそらくついてこられるだろうし、私もまた自分の言っていることがもっとよく分かると思う。ついさっき主張していたことだが、病人は医者の友である。そうではないかね」。

「はい」。

「したがって、病気のゆえに、健康のために、医者の友であるのではないだろうか」。

「はい」。

「しかるに、病気は悪いものだね？」

「もちろんです」。

「他方、健康はどうだろうか」とぼくは言った。「善いものか、悪いものか、それともそのどちらでもないものか」。

219A 「善いものです」と彼は言った。

「そうすると、先ほど私たちが論じていたのは、身体は、善くも悪くもないが、病気の

B

ゆえに、すなわち悪のゆえに、医術の友であり、医術は善いものであるということであり、他方で、健康のために、医術は友愛を勝ち取り、健康は善いものであるということだったようだ。そうではないかね」。

「はい」。

「健康は友なのか、それとも友ではないのか」。

「友です」。

「他方、病気は敵である」。

「ええ、確かに」。

「すると、悪くも善くもないものが、悪や敵のゆえに、善や友のために、善の友であるというわけだ」。

「そのようです[*1]」。

「すると、[*2]友とは、友のために、敵のゆえに、友の[*3]友であることになる」。

「そうなります」。

「よろしい」とぼくは言った。「少年たちよ、私たちはここまで来たのだから、欺《あざむ》かれないように注意しよう。すなわち、友とは友の友となってしまい、そうすると私たちが不可能だと言っている、似たものがまさに似たものの友であることになってしまうが、このことは放っておこう。しかしながら、次のことは、今の議論が私たちを欺かないよ

C　うに、検討してみることにしよう。医術は健康のために友である、と私たちは主張している」。
「はい」。

「だとすれば、健康もまた友なのではないか」。

「ええ、確かに」。

「友だとすると、それは何かのためである」。

「はい」。

「では、それは何かの友のためなのだ、さっきの同意に従うかぎりは」。

「ええ、確かに」。

「したがって、それもまた友のために友であることになるのではないだろうか」。

「はい」。
D　「そうすると、私たちはこのように進んでいってへたり込むか、さもなければ、[*4] ある始まりに——それは、もはや他の友へと遡ることがなく、そのために他のすべてのものも友であると私たちが主張する第一の友である、かのものに達することになるものだが[*5]——たどりつくほかないのではないか」。
「そうなるしかありません」。

「まさにこのことが、私の言おうとしていることなのだ。つまり、私たちがかのもののために友であると主張した他のすべてのものは、ちょうどそれの何か影像[*6]のように私たちを欺いているが、本当に友であるのはかの第一のものなのではないか、ということだ。次のように考えてみよう。誰かが何かを大切にしている時は、例えば父親が息子を他のいかなる財貨よりも大切だと思う場合には、まさにこうした人は息子のことをすべ E てだと考えるために、他の何かをもまた大切にすることがあるのではないか。例えば、息子が毒を飲んでしまったことに気づいたなら、ぶどう酒が息子を救うと考える[*7]かぎり、ぶどう酒をも大切にするのではないか」。

「もちろんです」と彼は言った。

「それでは、そのぶどう酒が入っている容器をもまた大切にするのではないか」。

「ええ、確かに」。

「では、そのとき、自分の息子よりも陶製の杯《さかずき》を大切にしたりは少しもせず、息子よりも三コテュレー[*8]のぶどう酒を大切にしたりはしないのではないか。あるいは、こういうふうにあるのだろうか。つまり、こうした熱意はすべて、それらのものに、すなわち 220A 何かのために取り揃えた品々に向けてではなく、そのためにこそそれらすべての品々が取り揃えられる、かのものに向けて尽くされたのである。しばしば私たちは金や銀を大切にしていると言うが、そうではない。真実は決してそうあるのではなく、私たちが何より大切にしているのは、かのものであり、それが何であると明らかになるにせよ、それのために金もすべての品々も取り揃えられたのである。このように主張することにしようか」。

「そうしましょう」。

「それでは、友についても同じ議論[*9]があてはまるのではないか。すなわち、何か別のあ
B る友のために私たちにとって友であると私たちが主張するものはすべて、言葉の上でそ
う言っているのは明らかである。しかし、本当に[*10]友であるのは、それらのいわゆる友愛が皆それへと至る、かのそれであるように思われるのだ」。

「そのようですね」と彼は言った。

「だとすれば、本当の友とは、何かある友のために友であるのではないことになるのではないだろうか」。

「そのとおりです」。

「では、友が何かある友のために友であるというこのことは追い払ったことになるが、しかしはたして善は友なのだろうか」。

「私はそう思います」。

C 「では、善は悪のゆえに愛し求められるのではないか。つまり、こういうことだ。先ほ
ど話していた三つの存在——善いものと悪いものと善くも悪くもないもの——のうち、
二つは残されているが、悪のほうは離れ去っていき、身体にも魂にも、それ自体として

は[11]悪くも善くもないと私たちが主張した他のものにも触れることがないとすれば、そのとき善は私たちにとって少しも有用ではなく、無用になってしまっているのではないだろうか。というのも、もはや何も私たちを害することがないのであれば、私たちは何の援助も必要としないからだ。そして、このようにして、そのとき明らかになるのは、私
D たちは悪のゆえに、つまり善は悪の薬であり悪は病気であるということから、善を愛し、そして求めていた[12]ということである。病気がなければ何ら薬の必要はない。そのような性質のものであり、善とは悪のゆえに私たちによって、すなわち悪と善の中間にあるものどもによって、愛し求められるものであるが、善それ自体は善自身のためには何の効用ももっていないのではないだろうか」。

「そう見えます」と彼は言った。

「そうすると、他のすべてのものが——別の友のためにそれらは友であると私たちは主
E 張していた——最終的にそれへと至る、かの私たちの友は、それらの友とは少しも似ていないことになる。というのも、それらは友のために友と呼ばれているのに、本当に友であるものはそれとまったく反対の性質であることは明らかだから。すなわち、それは明らかに敵のために私たちにとって友だったのであり、もし敵が去るなら、もはや私たちにとって友ではないように見えるからね」。

「少なくとも、今言われたことからは、そうなると思います」。

「ゼウスに誓って、どちらなのだろう」とぼくは言った、「もし悪が滅びるなら、飢え
221A も渇きもそういう類いの他のどのようなものもなくなるのだろうか。それとも、人間や他の動物が生きているかぎり飢えは存在するが、しかし有害な飢えはなくなるのだろうか。そしてまた、渇きも他の欲望も、悪は滅びてしまっているので、悪いものではないのだろうか。あるいは、その時に、はたして何が存在し、何がなくなるのかと問うことは、お笑い草なのだろうか。実際、誰がそれを知っているだろうか。それでも次のことだけは私たちは知っているのだ。つまり、現在でも、飢えていて害を受けることもあれば、益を受けることもあることを。そうではないだろうか」。

「ええ、確かに」。

「それでは、喉が渇いていたり、そのほか何であれそうした欲望をもっている場合に、
B ある時は益になる仕方で欲望をもつこともあれば、ある時は害になる仕方で、またある時は益にも害にもならない仕方で欲望をもつこともあるのではないか」。

「まったくそのとおりです」。

「では、もしさまざまな悪いものが滅びるなら、悪くはないものまでもが、そうした悪いものと一緒に滅ぶのがどうしてふさわしいのだろうか」。

「いいえ、まったく」。

「すると、善くも悪くもないさまざまな欲望は、たとえ悪いものどもが滅びたとして

C

も、存在するだろう」。

「明らかです[13]」。

「では、自分が欲し恋しているものを、欲し恋している時に、愛し求めないことができるだろうか」。

「できないと思います」。

「すると、悪いものどもが滅びてしまっても、おそらくさまざまな友が存在していることになるだろう」。

「はい」。

「いや、そうはならないだろう。もし悪が、何かが友であることの原因なら、それが滅びてしまえば他のものが他のものにとって友であることはないだろう。というのも、原因が滅んでしまえば、思うに、それが原因になっていたもの[14]がなお存在することは不可能だからだ」。

「おっしゃるとおりです」。

「それでは、友は何かを、しかも何かのゆえに愛し求めるということが、私たちによって同意されていたのではないか。しかも、そのとき私たちは、悪のゆえに善くも悪くもないものが善を愛し求める、と考えたのではないだろうか」。

「そのとおりです」。

D 「しかし、今や何か別のものが、どうやら愛し求めることと愛し求められることの原因として現れたようだ」。

「そう見えます」。

「では、どうだろう。本当は、たった今私たちが話していたとおり、欲望が友愛の原因であり、そして欲望をもつものが、自分が欲望するものと、そして欲望しているその時に、友なのであり、先ほど私たちが友であると主張していたものは一種の無駄話で、まるで長々と詩を詠《うた》ったようなものなのだろうか[*15]」。

「そのようです」と彼は言った。

「だが、しかし」とぼくは言った、「欲望をもつものは、何であれ自分に欠けているものを欲するのだ。そうではないかね」。

「はい」。

E 「すると、欠けたところのあるものは、何であれ自分に欠けているものの友なのだろうか」。

「私はそう思います」。

「ところで、欠けたものとなるのは、およそ何かを奪われているものである」。

「当然です」。

「したがって、メネクセノスにリュシスよ、どうやら本来自分のものであるもの[*16]「身内」に、恋も友愛も欲望も向かっているようだね」。

　二人は同意した。

「すると、君たちは、もしお互いが友であるなら、君たち自身にとって、何らかの仕方で本性上、身内であることになる」。

「まさにそうです」と二人は言った。

「また、そうすると、少年たちよ、誰かが他の誰かを欲するなら、あるいは恋するなら」とぼくは言った、「もし魂の点で、あるいは魂の何らかのあり方や性格や姿の点で、恋されている者にとって本来自分のものでないのなら、決して欲したり恋したり愛し求めたりすることはないだろう」。

「ええ、確かに」とメネクセノスは言ったが、リュシスは黙っていた。

「よろしい」とぼくは言った。「したがって、本性上、自分のものであるものを、私たちが愛し求めるのは必然であることが明らかになったのだ」。

「そういうことになるでしょう」と彼は言った。

「すると、見せかけではない正真正銘の恋する人は、恋する相手によって愛し求められるのが必然である」。

　そうすると、リュシスとメネクセノスはどうやらうなずくのがやっとのようだったが、ヒッポタレスはうれしさで顔色がいろいろに変わっていた。

そして私は、この議論を検討したいと思って、こう言った。「もし『自分のもの』が『似たもの』と何ほどか異なるのであれば、リュシスとメネクセノスよ、私たちは友について、その何であるかという点で、何らか意味のあることを語っていることになると私は思う。しかし、もし『似たもの』と『自分のもの』が同じものだとすれば、似たものは似たものにとって似ているかぎりで無用である、というさっきの議論を払いのけるのは容易ではない。無用なものを友だと認めるのは、突拍子もないことだ。そこで」と
C
ぼくは言った、「私たちは議論にちょうど酔っているようなものなのだから、『自分のもの』が『似たもの』と何らか異なっていることに同意して、そう主張することにしようか」。

「そうしましょう」。

「それではまた、善はすべてのものにとって本来自分のものであるが、悪は他なるものであるとしようか。[*17] それとも、悪は悪にとって自分のものであり、善にとっては善が、善くも悪くもないものにとっては善くも悪くもないものが、自分のものであるとしようか」。

二人は、自分たちには、そのように、それぞれがそれぞれにとって自分のものであると思われる、と言った。
D
「すると、再び」とぼくは言った、「少年たちよ、私たちは友愛について最初に払いの

E

けた議論に陥ってしまったことになる。というのも、善い者が善い者と友であるのに劣らず、不正な者は不正な者と、そして悪い者は悪い者と友であることになるからだ[*18]」。

「そのようです」と彼は言った。

「では、どうだろう。『善』と『自分のもの』が同じものだと主張するなら、善い者は善い者とのみ友であることになるのではないか」。

「ええ、確かに」。

「しかし、私たちはこの点でもまた私たち自身を論駁した[*19]と思っていた。それとも、君たちは覚えていないだろうか」。

「覚えています」。

「では、この議論をさらにどう扱うことができるだろうか。あるいは、どうにもできないことは明らかだろうか。そうだとすれば、ちょうど法廷の知者たち[*20]のように、これまで述べられたことをすべて、もう一度数え上げなくてはならない。すなわち、愛されている者たちも、愛する者たち[*21]も、似た者たちも、似ていない者たちも、善い者たちも、自分の身内たる者たちも、私たちが検討してきた他のものすべても[*22]――というのも、数が多くて自分でも覚えていないのだから――ともかく、これらのうちのどれも友ではないのなら、何を言ってよいのか、もはや私には分からない」。

［結　び］

223A こう言いながら、ぼくは年上の者たちの誰かをけしかけようとすでに考えていた。そのとき、何か守り神[*1]のように、メネクセノスとリュシスの守り役たちが、彼ら［メネクセノスとリュシス］の兄弟たちとともにやって来て、二人に呼びかけ、家へ帰るように命じてきた。実際、もう遅かったからだ。最初は、ぼくたちも、まわりに立っていた者たちも、守り役たちを追い払おうとした。しかし、彼らはぼくたちのことなど気にかけ
B ず、怪しげなギリシア語で苛立ちながら変わらず呼び続けており、ヘルメスの祭りでちょっと酔ってしまっていて扱いようがないとぼくたちには思われたので、彼らに降参し、集まりを解いた。二人はもう立ち去ろうとしていたが、ぼくはこう言った。「今や、リュシスとメネクセノス、私たちは笑いものになったのだ[*2]、老人である私と、それに君たちもだ。ここにいた連中は立ち去りながら、こう言うだろうからね――自分たちは互いに友だと考えているが――というのも、私のことを君たちの中に加えているからだ――、友とは何であるかを見つけることができなかった、と」。

訳　註

［導入部］

＊1　アテナイ北西の郊外の公園。プラトンの学園があったことで知られる。
＊2　アテナイ東の郊外の公園。プラトンの没後に、アリストテレスの学園が開かれた場所。
＊3　アテナイの市街地と郊外を分けていた城壁。
＊4　リュケイオンの近くにあったとされる泉。パノプスはヘルメス神の異名で、泉のそばにその小像が立っていたと考えられている。パノプスをアッティカの英雄の名とする説もある。
＊5　古典期のアテナイでは、個人を指す場合、個人名に父親の名あるいは居住区名を添えた。
＊6　パライストラとは小規模の体育場（ギュムナシオン）のこと。初等教育の場であり、体育教師だけでなく、ソフィストと呼ばれる教師たちも出入りしていた。
＊7　底本（hanēr）には従わず、有力写本どおり（anēr）に読む。
＊8　金銭を受け取って知を教授する、職業的な教育者の呼び名。ミッコスについては何も知られておらず、このソクラテスの言葉には皮肉が込められている可能性がある。
＊9　「恋している」と訳した語は動詞 eraō の変化形で、名詞形はエロース。エロースをめぐる対話が、友愛についての対話の外枠を形作っている。
＊10　ピュートーはデルポイの古名。その大祭はアポロンに、イストモスのそれはポセイドンに、ネメアのものはゼウスに捧げられた競技祭。これらにオリュンピア祭を加えて、古代ギリシアの四大祭とされる。
＊11　ヘラクレスはギリシア神話の最大の英雄。その父がゼウスであることから、リュシスの先祖とは血縁

であることになる。

＊12　ソクラテスが、あたかもソフィストのように、対話のいわばデモンストレーション（epideixis）を約束しているかのように見える。Stallbaum (ed.) によれば、ソクラテスは「見せてあげられる」と能動相で語っているのに対して、ソフィストたちの「演示（epideixis）」は「自分のため」を含意する中動相からの派生だとされる。

＊13　原語は hetairos.

＊14　お祭りで犠牲を捧げる役に当たっている者がかぶるとされる。

［第一部］

＊1　ピュタゴラスに由来する格言とされる（ディオゲネス・ラエルティオス『哲学者列伝』八・一・一〇）。なお、アリストテレス『エウデモス倫理学』一二三七b、一二三八a、同『ニコマコス倫理学』一一五九b、一一六八b、同『政治学』一二六三aでも引証されている。

＊2　「愛している」と訳した語は動詞 phileō の変化形。「友愛（philiā）」や「友（philos）」（および、その形容詞形「愛しい、親愛な」（男性形 philos、女性形 philē、中性形 philon））と同語根の語。

＊3　「やりたい」と訳した語は動詞 epithȳmeō の変化形。「欲望する」、「欲する」とも訳される。

＊4　このあとしばらくリュシスの答えには「ゼウスに誓って」という表現が頻出する。これはソクラテスと対話することの緊張感とリュシスの真面目さを表している。

＊5　竪琴の一種。音楽と体育は古代ギリシアの初等教育の柱である。

＊6　原語は to aition.

＊7　原語は ō ariste で、直訳すれば「とても優れた者よ」という呼格表現。

＊8　「思慮を働かせる」と訳した語は動詞 phroneō の変化形。名詞形はプロネーシス。

＊9　ギリシア人にとっては「大王」といえば、ペルシア大王を指した。彼はこの世界で最も権力と富に満ちた人間と考えられていた。プラトン『(第一) アルキビアデス』一二一A―一二三Eを参照。

＊10　底本の指示には従わず、二〇九D八の emballein を読む。

＊11　現在の小アジアを指す。

＊12　伝アリストテレス『異聞集』には、医者がプリュギアの灰を目の治療に用いる、という記述がある(八三四b三〇)。

＊13　「親以上の身内」と訳したのは形容詞 oikeios の比較級中性単数形。それが不定代名詞(「それ(ti)」)にかかっており、ギリシア語としても不自然な表現である。原義は「家・家産《オイコス》に帰属する」であり、男性形なら「身内」や「親族」、「係累」、「友人」を意味し、それが拡張されて「個人の」、「自分の」、「固有の」を意味する。対話篇後半の展開を踏まえれば、ここでソクラテスが意味しようとしているのは「第一の友」(二一九D。二二〇A―B参照) あるいは「自分自身」、「魂」ということになるだろう。第四部訳註＊9参照。

＊14　原語は ō pai で、文字どおりには「少年」あるいは「子ども」という意味。

＊15　原語は agathos.

［第二部］

＊1　eristikos は「争論家」と訳すこともできる。これから始まるメネクセノスとの対話内容を暗示している。

＊2　原語は deinos. ソフィストによく用いられる語。例えば、プラトン『プロタゴラス』三四一Aなど。

＊3　この言葉に対応するリュシスの発言はない。リュシスにはここまでの対話について理解が不足していることを示唆した発言と見ることができる。

＊4　古代ギリシア、特にアテナイでは闘鶏などが競技として流行していた。プラトン『(第一) アルキビアデス』一二〇A―B、同『法律』七八九Bなどを参照。
＊5　ソクラテスが時折使用する誓いの言葉。
＊6　「友人好きな者」と訳した philetairos は、philo (……を愛する、……の友) + hetairos (友人、仲間) から合成された言葉。philo を語頭にもつ語は以下いくつか登場する。「哲学者 (=知恵を愛する者) (philosophos)」、「哲学 (=知恵への愛) (philosophiā)」も同様である。
＊7　「愛する」と訳した語は動詞 phileō の変化形。
＊8　この「愛し返される (antiphileisthai)」という論点は、アリストテレス『ニコマコス倫理学』一一五五b―一一五六aで、人間同士の友愛の特徴 (「愛の相互性」) として捉えられることになる。
＊9　ここでは中性形の形容詞が用いられており、「友である」という事態が人間同士という局面から拡張あるいは一般化されている。以下、男性形で示されて人間に限定される「愛する者」とは区別して、中性形については「愛するもの」と表記する。
＊10　七賢人の一人として知られるソロンの断片二三。
＊11　原語は「友 (philos)」と同語根の形容詞の最上級中性複数呼格 philtata (「子ども」が中性名詞であることを受けている) で、「最も愛しい者たち」というほどの意味になる。
＊12　ギリシア語としては「明らかです」と訳すこともできる。
＊13　原語は ō phile hetaire. 前註＊6参照。
＊14　原語は alogia で、「ロゴスを欠く」という意味。

［第三部］
＊1　ソクラテスはリュシスの発言を拡張してパラフレーズしており、ソクラテスが対話を主導しているこ

との表れと見ることができる。第二部訳註＊3参照。他方、リュシスの発言との齟齬を嫌い、「つまり」以下を理由句と解する訳もある（少数派であるが、Ficino (tr.) や Schleiermacher (Übers.) はこちらをとる）。なお、探究のアポリアを「さまよう」と表現することについては、プラトン『（第一）アルキビアデス』一一七A—Cを参照。

＊2　ホメロス『オデュッセイア』一七・二一八。ただし、当該箇所では決してよい意味では使用されていない。なお、アリストテレス『エウデモス倫理学』一二三五a参照。また、プラトン『饗宴』での悲劇作家アガトンによる演説にも同様の句が引用されている（一九五B）。

＊3　アリストテレス『ニコマコス倫理学』一一五五bは、この主張をエンペドクレスに帰している。

＊4　プラトン『国家』三四九B—D参照。

＊5　原語は ō hetaire で、「仲間」への呼びかけ。第二部訳註＊6参照。

＊6　二一〇C—D参照。

＊7　動詞 agapaō（名詞形はアガペー）の受動相が用いられている。以下、「愛する」という訳語をこの動詞に用いる。

＊8　「愛し求める」と訳した語は動詞 phileō の変化形。

＊9　「明らかです」と訳すこともできる。二一三A参照。

＊10　ヘシオドス『仕事と日々』二五—二六行。なお、アリストテレス『エウデモス倫理学』一二三五a、同『ニコマコス倫理学』一一五五a—b参照。

＊11　同様の議論が、プラトン『饗宴』での医師エリュクシマコスによる演説にも見られる（一八六D—E）。なお、ヒポクラテス派にこのような議論があったことが知られている。アルクマイオン断片B四参照。

＊12　原語は ō hetaire. 第二部訳註＊6、前註＊5参照。

＊13　古注によれば「利益を得ようとする人々についてのことわざ」。
＊14　この善悪をめぐる三分法については、プラトン『ゴルギアス』四六七E—四六八A参照。
＊15　原語はōphelia. 二一四Eでは「利益」と訳した語。
＊16　原語はparousiāで、中期対話篇ではイデアの「臨在」を示すために用いられる語。
＊17　顔を白く見せるために使われた顔料。おしろいの一種。
＊18　原語はō phileで、文字どおりには「友よ」。
＊19　原語はphilosophein.
＊20　プラトン『ソクラテスの弁明』二三A以下、同『饗宴』二〇四A以下参照。

［第四部］
＊1　「明らかです」あるいは「そのように思われます」と訳すこともできる。メネクセノスの次の答えも同じ。
＊2　ここではto philonという中性形が用いられている。
＊3　底本に従い、写本にはない「友の」を補って読む。
＊4　底本に従い、写本のkai（そして）に代えて、ē（さもなければ）を読む。
＊5　この箇所について、「ある始まり」と「第一の友（prōton philon）」が同一であるとの理解からテクスト上の問題を指摘する研究者が多い。なお、アリストテレス『エウデモス倫理学』では、イデア論者を批判した上で、「第一の愛（hē prōtē philiā）、すなわち他の愛がそれゆえに愛と呼ばれるところの愛」（一二三八a三〇—三一）が論じられている。
＊6　原語はeidōla. プラトン『国家』では詩人追放論の中でイデアに似せた影像の問題が語られ（五九九A—六〇一C、六〇五B—C）、同『ソピステス』ではソフィストの欺きの術が「影像制作術

(eidōlopoiikē)」と呼ばれている（二三五B）。

＊7　例えば、アテナイでの死刑に使用された毒ニンジンは、身体をあたためると効き目が鈍ると考えられていた。プラトン『パイドン』六三D—E参照。

＊8　三コテュレーで、およそ八〇〇ミリリットル。

＊9　「別のある友のために……友」と訳した語は、名詞「友（philos）」ではなく、その形容詞中性形（philon, phila）である。以下の議論では、友愛（philia）の対象が人間以外に拡大され、形容詞中性形が用いられるが、これまでの議論とのつながりを考慮して「友」と訳した。

＊10　原語は tōi onti.

＊11　「それ自体としては」と訳したのは auta kath' hauta. 中期対話篇以降、イデアの規定として用いられるようになる言葉。

＊12　agapaō と phileō という二つの動詞の変化形が並置されている。

＊13　前註＊1参照。

＊14　直訳すれば「それについてその原因があった、かのものが」となる。

＊15　導入部で語られたヒッポタレスの詩や文章のことを念頭に置いて語られている。二〇四A—二〇六A参照。

＊16　第一部訳註＊13参照。

＊17　「自分のもの - 他なるもの」という対については、二一〇B—C参照。

＊18　この主張は二一四Cで否定されていた。

＊19　この主張は二一五A—Bで否定されていた。

＊20　法廷弁論に長けている者たちのこと。

＊21　「愛されている者たち」と訳したのは、動詞 phileō の現在受動分詞男性複数形。「愛する者たち」は

同じ動詞の現在能動分詞男性複数形。

＊22　ここは中性複数形。

〔結　び〕

＊1　「守り神」と訳したのは daimōn の複数形。

＊2　二〇五B―D参照。対話篇の冒頭では、ヒッポタレスが笑いものとされていた。

恋がたき[*1]——哲学について

三嶋輝夫　訳

［導入部］

132A 読み書きの先生であるディオニュシオスの学校[2]の中に入っていくと、そこには若者の
中でも最も容姿に優れるとともに高名な父親をもつと思われる若者たちと、彼らに恋し
ている者たちがいるのが見えた。そこではたまたま少年たちの中の二人が言い争ってい
る最中だったが、何についてなのかは、あまりはっきり聞こえなかった。とはいえ、ア
B ナクサゴラス[3]かオイノピデス[4]について言い争っているように思われた。見たところ、二
人は実際に複数の円を描いてその上に屈《かが》み込み、両手で何か傾きのようなものを表現し
ようとしていたが、とても真剣な様子だった。そこで僕は――というのも、彼らのうち
の一方の少年に恋している者の傍《かたわ》らに腰を下ろしていたからだが――、その男を肘でつ
ついて、いったい何について二人の少年はそれほど真剣になっているのか、尋ねて言っ
た。

「二人してこんなに真剣になっている事柄というのは、ひょっとして何か重要で立派なことなのかね」。

ところが、男は言った。「どんな重要で立派な事柄か、だって？　いや、この連中と

きたら空の上のこと[5]について無駄口を叩いて、哲学しながら[6]おしゃべりしているだけさ」。

C そこで僕は彼の答えにびっくりして言った。

「お若いの、君には哲学することが恥ずべきこと[7]だと思えるのかね。そうでないとしたら、どうして君はそんなに厳しく言うのだろう」。

するともう一人が——それは恋がたきで、たまたまさっきの男の傍らに座っていたからだが——、僕が尋ね、さっきの男が答えるのを耳にして言った。

「ソクラテス、この男に哲学を恥ずかしいことと思うかどうかとまた尋ねてみても、あなたにとっては何の益にもなりませんよ。それとも、あなたは、この男が相手の首根っこをつかんでレスリングばかりして、たらふく食っちゃ寝しながら全人生を過ごしてきたのをご存じないのですか。そういう次第ですから、哲学は恥ずべきことであるということ以外の何を彼が答えるとお思いだったのでしょうか」。

D さて、この男は二人の恋する者の中で文芸[8]に打ち込んできた者で、彼が貶《けな》していたもう一人のほうは、体育[9]に打ち込んできたのだった。それで僕には、一方の男、つまり質問されている男のほうは放免してやり——というのも、彼自身、言論について経験があるような顔をすることはまったくなく、心得[10]があるのは実践についてであるように見えたからだが——、もう一方の、より知識があるような顔をしている男のほうを詳しく問

133A

B

いただすべきだと思われた。それは、できることなら多少なりともその恩恵に与《あずか》るためである。

そこで僕は言った。

「僕の質問は君たち二人に共通のものとして尋ねたのだが、もし君がこの男よりうまく答えられると思っているなら、彼に尋ねたのとまったく同じ質問を君にもすることにしよう。

つまり、哲学することは立派なことだと君には思えるか、それとも思えないか、ということをね」。[*11]

さて、僕たちがおおよそ以上のようなことを話しているのを耳にして、二人の少年は沈黙すると、自ら言い争いを止めて僕たちの話の聞き手になった。恋している連中がどんな気持ちになったのかは分からないが、僕自身はといえば、どぎまぎしてしまった。というのも、美しい若者にはいつでもどぎまぎさせられるからだ。とはいえ、もう一人の男もまた、僕に劣らず動揺しているように僕には見えた。それにもかかわらず、彼は大いにいいところを見せようとして僕に答えた。「いやしくも、ソクラテス」と彼は言った。

そして、恋がたきのほうを指し示しながら、少年たちが彼の話を聞き取れるように大きな声で、「哲学することは恥ずべきことだなどと僕が思うようなことがあるなら、僕は自分自身のことを人間だとは決してみなしませんし、またそのように思っている他の者についてもそうみなしません。

そこで僕は「とすると、君には哲学することは立派なことだと思えるのかな」と言った。

「もちろんですとも」と彼は言った。

「では、どうだろう」と僕は言った、「どのようなものであろうと、そもそも、それが何であるのかを知らないようなものについて、それが立派なものだとか、恥ずべきものだとか知ることができると君には思えるだろうか[*12]」。

「いいえ」と彼は言った。

C 「ということは、哲学することが何であるのか、君は知っているわけだ」と僕は言った。

「大いに」と彼は言った。

「では、それは何なのだろう」と僕は言った。

「それはまさにソロンの言葉のとおりのものです。すなわち、確かソロンはこう言っていたと思います。

『私は常に多くのことを学びながら、歳を重ねていこう[*13]』と。

この私にもまた、哲学しようとする者は、若かろうが歳をとっていようが、この言葉にあるように、一つずつでも常に何か学んでいかなければならないと思われます。それは、一生のあいだにできるだけ多くのことを学ぶためです」。

［第一部］

133D

最初は僕にも彼の言うことには一理あるように思えたのだが、それからふと思いついて、哲学を博識[*1]と同じものだと考えているのかどうか、彼に尋ねた。

すると、彼は「まったくそのとおりです」と言った。そこで僕は言った。

「それでは、君は、哲学は立派なものであるとだけ考えているのだろうか、それとも善いものでもあると考えているのだろうか」。

「もちろん、善いものでもあると考えています」と彼は言った。

「では、君はそのことを何か哲学に固有のこととして見出すのだろうか、それとも、それ以外の事柄においても同様だと君には見えるだろうか。例えば、体育を愛すること[*2]は立派なことであるだけでなく、善いことでもあると君は考えているのだろうか。それとも、そうは考えていないのだろうか」。

これに対して、彼は皮肉たっぷりに二つのことを口にした。

「この男に対しては、そのどちらでもないと私に言わせてください。しかしながら、あなたに対しては、ソクラテス、立派でもあれば善いことでもあることに同意します。自

E 分としては、実に正しく考えているつもりですがね」。

　そこで僕は尋ねた。

「すると、体育に関する事柄においても、多くの苦しい練習を積むことが体育を愛することであると君は考えるのだね」。

　彼もまた答えて言った。

「大いに。哲学することにおいても博識が哲学であると考えているのと、まったく同じです」。

　そこで僕は言った。

「ところで、君は体育を愛する者たちは、これ、つまり彼らの身体をよくしてくれるようなもの[*3]以外の、別の何かを欲していると考えるだろうか」。

「まさにそうしたものを欲していると思います」と彼は言った。

「それでは、多くの苦しい練習[*4]は身体をよい状態にするだろうか」と僕は言った。

134A「だって、いったいどうすれば、少しばかりの練習で身体をよい状態に保てるでしょう」と彼は言った。

　僕には、ここでもう体育好きの男が動員されるべきだと思われた。体育の心得によって僕を助けてくれるように、である。そこで僕は彼に尋ねた。

「親愛なる友よ、この男がこんなことを言っているのに、どうして君は僕たちと口をきこうとしないのかね。君にも、人々は多くの苦しい練習を積むことによって身体がよくなると思われるだろうか、それとも適度の練習によってだろうか」。
「私としては、ソクラテス」と彼は言った、「そのことは、ことわざで言う『豚でも知っている』[*5]ことだと思っていました。つまり、適度の鍛錬が身体をよくするということ
B は、です。それなのに、どうして人間の男――ろくに眠ることも食べることもできず、細っこい首筋をして、心配事で痩せこけてはいるにしても――が、そのことを知らない、などということがあるでしょうか[*6]」。

彼が以上のことを口にしたとき、少年たちは面白がって笑ったが、もう一人の男のほうは顔を赤らめた。

そこで、僕は言った。

「さて、どうだろう。君は多くの練習を積むことが、人々の身体をよくすることも[*7]なければ、少しばかりの練習がそうすることもなく、そうするのは適度の練習であることに、もう同意してくれるだろうか。それとも、僕たち二人を相手に、その主張について論争するつもりだろうか」。

C すると、彼は言った。

「この男を相手としてなら、喜び勇んで論争しましょう。私には提出した主張[*8]――たとえそれよりもいっそう貧弱な主張を提出したとしても――を自分が十分弁護することが

D

できるということは、よく分かっているのです。それは何でもないことですから[*9]。けれども、あなた相手には、常識に逆らってまで勝ちを収めようとする必要などまったくありません。多くの運動ではなく、適度な運動こそが人間たちの内に健全さを作り出すことに同意します」。

「では、食べ物についてはどうだろう。適量の食べ物だろうか、それとも多くの食べ物だろうか」と僕は言った。

彼は食べ物についても同意した。

さらに僕は、それ以外の身体に関するものすべてについても、多量でもなければ少量でもなく、適量こそが最も有益であることに彼が同意せざるをえないように仕向け、彼も僕に対して適量がそうであることに同意した。

「では、魂に関することについてはどうだろう」と僕は言った。「それにあてがわれるものの量が適度であることが有益だろうか、それとも度を越えた量だろうか」。

「適度なほうです」と彼は言った。

「ところで、学問[*10]というものもまた、魂にあてがわれるものの一つではないだろうか」。

彼は同意した。

「とすると、それらについても適度が有益なのであって、多くではないのだね」。

彼は同意した。

E 「それでは、どのような練習と食べ物が身体にとって適当なのかについては、誰に尋ねたら、われわれは正しく尋ねたことになるのだろう」。

　われわれは三人とも、医者もしくは体育教師であることに同意した。

「では、種を蒔くことに関して、どれくらいが適量なのかについては、誰に尋ねればよいのだろう」。

　その点についてもまた、農夫であることにわれわれは同意した。

「さて、魂に学問を植えつけたり、その種を蒔いたりすることに関して、どのようなものを、どれくらい[*11]蒔くのが適切なのかについては、われわれは誰に尋ねたら正しく尋ねたことになるのだろう」。

135A 　そこでたちまち、われわれは皆、完全にいきづまってしまった。そこで、僕は冗談めかしながら彼らに尋ねてみた。

「われわれはいきづまってしまっているのだから、お望みなら、この少年たちに尋ねてみようか。それとも、ちょうどホメロスが「ペネロペの」求婚者たちについて言っているのと同じように、つまり他に誰かその弓を引けるような者がいるということがあってはならないと彼らが考えている場面で言っている[*12]のと同じように、ひょっとして僕たちもそうするのは恥ずかしいことだと思うだろうか」。

　彼らはといえば、これまでの議論に気後《きおく》れしているように僕には見えたので、他の仕方で考察してみようと思って、僕は言った。

「では、われわれの推測するところでは、学問の中でも、哲学する者が学ばなければならないのは、とりわけどのようなものだろうか。すべての学問でもなければ、多くの学問でもないとすればね」。

B　するとより知識のあるほうが、それに答えて言った。

「学問の中でも、それが元で哲学にかけて最大の名声を博すことができるようなものこそが、最も立派でふさわしいものです。そして、もし人があらゆる専門技術に心得があるように見えるなら、最大の名声を博すことができるでしょう。そうでない場合には、できるだけ多くの、とりわけ重要な技術に心得があるように見えることによってです。つまり、それらの中でも、手作業にではなく、知的理解力[*13]によるところの、自由人が学ぶにふさわしいものだけを学ぶことによって」。

C　そこで僕は言った。

「それでは君は、大工の術[*14]におけるのとちょうど同じ事情だと言うのだろうか。というのも、そこでは、五、六ムナで大工を雇うことはできるだろうが、最も優秀な棟梁[*15]となると一万ドラクマ[*16]出しても雇えないだろうからね。実際のところ、そういう人はギリシア人全体の中でも数えるほどしか出てこないのだ。——何かこうしたことを言っているのではないのかね」。

彼は僕の話を聞くと、自分もそのような意味で言っていることに同意した。

　しかし、僕は彼に、多くの重要な技術は言うに及ばず、二つの技術だけでも同じ者がそのような仕方で学ぶことは不可能なのではないか、と尋ねた。すると、男は言った。

D

「ソクラテス、そんなふうに、つまり、まるで哲学する者は個々の技術について当の技術を有している者自身と同じように正確に知っていなければならない、と私が主張しているとは受け取らないでください。そうではなく、自由人で教養のある者にふさわしい仕方で、ということです。つまり、専門家[*17]によって語られることに、その場にいる者の中でも段違いによくついていくことができ、さらには自ら見解を披瀝して寄与することもできるので、その結果、諸々の技術に関して述べられ実践される事柄について、いつでも、その場に居合わせている者の中で最も知的に洗練され賢いように見えるのです」と。

［第二部］

しかし、彼の主張が何を言おうとしているのか、まだ僕にははっきりしなかったので
言った。
135E 「哲学する人間のことを、君がどういう者だと言っているのか、僕は理解しているだろ
うか。僕には、運動競技における五種競技の選手の[*1]、徒競走選手やレスリング選手に対
する関係のようなものだと君が言っているように見えるのだが。というのも、実際、彼
らはあとの者たちが専門とする種目に関してはその者たちに遅れをとって二番手に甘ん
じるものの、それ以外の競技者たちには先んじて、彼らに勝つことができるからだ。た
ぶん、君が言おうとしているのも、哲学することはその研究に打ち込んでいる者たちを
何かそういった者に仕立て上げてくれる、ということのようだね。
136A 　つまり、諸々の技術についての造詣の深さ[*2]という点では第一位の専門家に遅れをとる
が、二等賞は手にしてそれ以外の者たちを凌駕することができる――そんなふうに、哲
学した者もまた、あらゆることに関して二番手のような存在になる、といったことを
ね。何かそのような者として、君は僕に示そうとしているように思えるのだが」。

すると、彼は言った。
「ソクラテス、あなたは哲学者を五種競技の選手に喩えることで、哲学者についての私
の主張を、実に見事に理解してくださったように私には思えます。というのも、哲学者
というものは、いかなる事柄に隷従することもなければ、厳密さに関してとことん骨を
折ることもまったくしない人間だからです。それは、専門家[*3]たちのように、その一つの
B 事柄だけに専念するあまりそれ以外のすべての事柄をなおざりにしてしまうことなく、
あらゆることに適度に触れるためです」。
まさにこの答えを聞いて、僕は彼の意味するところをはっきり知りたくなったので、
優れた人間は役に立つ[*4]と考えるのか、それとも役に立たないと考えるのか、どちらなの
かと彼に尋ねた。
「もちろん、役に立つ人です、ソクラテス」と彼は言った。
「それでは、優れた人間は役に立つとするなら、劣った人間は役に立たないのだろう
か」。
彼は同意した。
「では、どうだろう。君は哲学をしている者たちのことを役に立つと考えているだろう
か、それとも役に立たないと考えているだろうか」。
C その男は、役に立つということに同意した。それどころか、最も役に立つと考えてい

る、とも言った。

「さあ、それでは一つ、君が真実を語っているものとして、その二番手の連中はどんな場合にわれわれの役に立つのか、調べてみよう。というのも、哲学者は専門技術をもっているどの人間と比べても劣っていることは明らかだからだ」。

　彼は同意した。そこで僕は言った。

「さあ、それでは、仮にたまたま君自身が具合が悪くなったり、君がとても大事に思っている君の親しい仲間のうちの誰かがそうなったりしたとして、健康を取り戻したいと望む場合、君は例の二番手の者[*5]を家に呼び寄せるだろうか、それとも医者を選ぶだろうか」。

D 「私だったら、両方を呼びます」と彼は言った。

「僕に対して両方ともなんて言わないでくれたまえ。そうではなく、どちらを真っ先に呼ぶのかね」と僕は言った。

「誰一人として、このこと、つまり医者を真っ先に呼ぶことに異議を唱える者はいないでしょう」と彼は言った。

「では、どうだろう。嵐に遭遇している船の中で、君は君自身と君の持ち物を、舵取りと哲学者のどちらに委ねるだろうか」と僕は言った。

「私だったら、舵取りに委ねます」。

「とすると、それ以外のすべてに関しても、そうなのだろうか。つまり、誰か専門家がいるかぎり、哲学者は無用の存在なのだろうか」。

「そのように見えます」と彼は言った。

E
「それでは今や、哲学者はわれわれにとって役に立たない者なのだろうか。というのも、われわれにはいつでも専門家たちがいるのだからね。ところで、われわれは優れた者は役に立つ者であり、劣った者は役に立たない者であることに同意したのだった」。

彼は認めざるをえなかった。

「さて、その次はどうしたものだろう。僕が君に尋ねることにしようか、それとも、尋ねるのは些《いささ》か失礼かな」。

「何でもお好きなことを尋ねてください」。

僕は言った。

「僕が求めているのは、まさにこれまでに言われたことを再確認すること以外の何もの
137A
でもない。確か、こうだったね。われわれは哲学は立派なことであるとともに、われわれ自身も哲学者であり、哲学者はまた優れた者であって、優れた者は役に立ち、劣った者は役に立たない、ということに同意したのだ。他方また、専門家たちがいるかぎり哲学者は無用だが、専門家は常にいる、ということにも同意した。実際、以上のことが同意されたのではないかね」。

「まったくそうです」と彼は言った。

［第三部］

「そうすると、どうやら君の主張に従えば、哲学することは諸々の技術について君の言う仕方で知っている者であることになるが、人々のもとにさまざまな技術があるかぎり、彼ら哲学者は劣っていて役に立たない、ということに僕たちは同意することになるようだ。

137B　ところが、友よ、おそらく本当のところはそうではなくて、哲学することもまた、そのこと、つまり諸々の技術に一生懸命になることではないのだ。多くのことに首を突っ込んで忙しく生きていくことでもなければ、多くのことを学習しながらでもない。そうではなく、何か他のものなのだ。というのも、僕が思うところでは、そういったことは非難に値するだろうし、技術だけに一生懸命になってきた者たちは職人風情[*1]と呼ばれるにふさわしいからだ。だが、こうすれば、はたして僕が本当のことを言っているかどうか、われわれはもっとはっきり知ることができるだろう。もし君が次のことに答えてく
C　れるならね。つまり、誰が馬を適切に[*2]躾《しつ》ける[*3]ことを心得ているだろうか、という質問にね。それは馬を最も優れた馬にする者たちだろうか、それとも他の者たちだろうか」。

「それはまさに、最も優れた馬にする者たちです」。

「では、どうだろう。犬を最も優れた犬にすることを知っている者たち、その者たちは適切に躾けることも知っているのではないだろうか」。

「はい」。

「だとすると、同じ技術が最も優れた犬にするとともに、適切に躾けることになるのだね」。

D

「僕には、そのように思われます」と彼は言った。

「では、どうだろう。最も優れたものにするとともに適切に躾ける技術――まさにその同じ技術が、善いもの[*4]と悪いものを見分けるのだろうか。それとも、何か別の技術が見分けるのだろうか。どちらなのだろう」。

「同じ技術のほうです」と彼は言った。

「それでは、君は人間たちに関してもまた、以下のことに同意してくれるだろうか。つまり、人間を最も優れた者にする技術――まさにその技術が、適切に矯正するとともに善い人間と悪い人間を正確に見分けるものであるということに」。

「もちろんです」と彼は言った。

「それでは、一人について見分ける技術は多くの者についても見分け、多くの者について見分ける技術は一人の者についても見分けるのではないだろうか」。

E

「はい」。

「馬はもちろん、それ以外のすべてのものについても同様だね」。

「同意します」。

「それでは、国々の中で勝手気ままにふるまい、法律を破る者たちを適切に矯正する知識は何だろうか。司法の術[*5]ではないだろうか」。

「はい」。

「その知識以外の何か別の知識を、君は正義[*6]と呼ぶかね」。

「いいえ、その知識を、です」。

「すると、人々はそれによって適切に矯正する、まさにその知識によって善い人間と悪い人間を見分けるのではないだろうか」。

「その知識によってです」。

「一人の人間について見分ける者はまた、多くの人間たちについても見分けることだろうね」。

「はい」。

「また、多くの人間を見分けられない者は、一人についてもできないだろうね」。

「認めます」。

「とすると、馬でありながら、善い馬と悪い馬の区別がつかない馬は、自分自身につい

138A

てもまた、どのような性質なのか分からないことだろうね」。

「認めます」。

「また、牛でありながら、悪い牛と善い牛の区別がつかない牛は、自分自身についても、どのような性質なのか分からないだろうね」。

「はい」と彼は言った。

「それが犬だったとしても同様だろうか」。

彼は同意した。

「では、どうだろう。誰か人間でありながら、善い人間と悪い人間の区別がつかない者は、自分自身についてもまた、善い人間なのか、それとも悪い人間なのか、どちらなのか区別がつかないのではないだろうか。自分自身も人間であるからにはね」。

彼は同意した。

「ところで、自分自身を知らないことは[*7]、節度があることだろうか[*8]、それともないことだろうか」。

「節度がないことです」。

「だとすると、自分自身を知っていることが[*9]、節度があるということになるのだろうか」。

「同意します」と彼は言った。

B

「してみると、どうやら、デルポイの神殿の内に刻まれた言葉[*10]は、そのこと、つまり節度と正義に努めよ、と命じているようだ」。

「そのようです」。

「その同じ徳によって、われわれは適切に矯正することもまた知るのだ」。

「はい」。

「したがって、それによって適切に矯正することをわれわれが知る徳——それが正義であり、他方、それによって自分自身と他の者たちについて見分けることを知る徳が、節度なのではないだろうか」。

「そのようです」と彼は言った。

「とすると、正義と節度は同じものということになるだろうか」。

「そう思われます」。

「実際、そのようにしてこそ、つまり不正を働く者たちが処罰される場合[*11]に、国々はよく治められるのだ」。

「おっしゃるとおりです」と彼は言った。

「したがって、それはまた政治の術でもある」。

　彼にもそう思われた。

「では、どうだろう。一人の男が適切に国を治めるとき、彼に与えられる名称は、僭主[*12]

とか王といったものではないだろうか」。

「認めます」。

「そうすると、彼は王の術や僭主の術によって治めるのではないだろうか」。

「そうです」。

「ということは、それらの術もまた、先の諸技術と同じものなのだろうか」。

「そのように思われます」。

C 「では、男が一人で家を適切に治める場合、その男に与えられる名称は何だろうか。家長とか主人といったものではないだろうか」。

「はい」。

「とすると、その男もまた正義によって家をよく治めることができるのか、それとも何か他の技術によってもそうできるのか、どちらだろうか」。

「正義によってです」。

「だとすると、どうやら、王と僭主、政治指導者と家長と主人、節度のある者と正義にかなった者はすべて同じであることになる。また、王たる術と僭主たる術、政治の術と主人の術と家政の術、正義と節度もまた、すべて一つの術であることになる」。

「そのように思われます」と彼は言った。

D 「それでは、哲学者にとってはどちらだろう。医者が病人たちについて何か述べた時

E

に、話についていくこともできなければ、語られたり実践されたりすることについても何一つ寄与することができないのは恥ずべきことであり、また誰か他の専門家がそうした場合にも同様であるが、他方、裁判官や王、あるいはわれわれがいま列挙した者の中の他の誰かが述べた場合に、それらのことについていくこともできなければ、それらに関して寄与することもできないのは恥ずべきことではないというのだろうか」。

「それほど重大な事柄について何一つ寄与できないということが、どうして恥ずべきことでないことがあるでしょう、ソクラテス」。

「それでは、以上のことについてもまた、われわれは次のどちらだと言ったものだろうか」と僕は言った。「つまり、哲学者は五種競技の選手にして二番手でいなければならない、とわれわれは主張したものだろうか。すなわち、そこにおいてもまた[13]、あらゆる分野の二等賞は手にするものの、誰かそれらの分野の専門家がいるかぎりは役に立たないということにならざるをえないのか、それとも、まず第一に、自分の家を他人の手に委ねるべきでもなければ、またその点で二等賞に甘んじるべきでもなく、そうではなくて、もし彼の家がよく治められるべきだとすれば、彼は自ら適切に裁きながら正すのでなければならないのか、どちらなのだろう」。

　彼は僕の意見に、しかと同意してくれた。

「次に、友人たちが彼に調停を委ねる場合であろうと、あることについて判断して裁定

139A

を下すことを国が命じる場合であろうと、それらのことにおいて、友よ、二番手あるいは三番手としか見えず、主導しているように見えないのは、きっと恥ずべきことだろうね」。

「僕には、そう思われます」。

「とすると、とても優秀な君、哲学することとは博識のことであり、諸々の専門技術に携わることだ、などというのは、まったく的外れなのだ」。

僕がそう言うと、知識のある男のほうは自分が述べたことを恥じて沈黙し、他方、無学な男はそのとおりであることを認めた。それ以外の者たちもまた、語られたことを称賛したのだった。[*14]

訳註

【導入部】

＊1　古来、この作品の題名としては二つ伝えられている。詳細については「解説」を参照。

＊2　ディオゲネス・ラエルティオスによれば、プラトンもまたディオニュシオスのもとで学んだとされる。「また彼は、ディオニュシオスのところで読み書きを習ったが、その人のことは、『恋がたき』（一三二A）のなかで彼も言及している」（加来彰俊訳『ギリシア哲学者列伝』上、岩波文庫、一九八四年、二五一頁）。

＊3　前五〇〇頃—四二八年頃。クラゾメナイ出身の哲学者。理性（ヌース）が万物を司ると考えたが、ソクラテスはプラトン『パイドン』九七C—九九Cで、その説明の不十分さに失望した、と述べている。

＊4　前五世紀頃に活躍したキオス島出身の哲学者。幾何学と天文学に秀で、黄道（天球上における太陽の運行経路）の傾斜（現在二三・二六度）を発見したとされる（Diels und Kranz (hrsg.), III-41／邦訳(3)四七—五二頁参照）。

＊5　原語は ta meteōra. 天体も含め、空中にあるものを指す。なお、プラトン『ソクラテスの弁明』一九Bでは、「地下と宇宙に関する事柄（ta te hypo gēs kai ourania）」についての探究がソクラテスの罪状の一つに挙げられている。アリストパネスの喜劇『雲』も参照。

＊6　原語は philosopheō の現在分詞の複数主格形 philosophountes. この動詞の本来の意味については、『リュシス』第二部訳註＊6、また本篇の「解説」第四節を参照。

＊7　「恥ずべきこと」の原語は aischron.

＊8　「文芸」の原語は mousikē. ムーサの女神が司る学芸のことであるが、音楽だけでなく文芸全般を含む。

＊9　「体育」の原語は gymnastikē. もともとは「裸の」を意味する gymnos に由来。

＊10　「心得がある」の原語は empeiros. 「経験がある」とも訳せる。

＊11　原語は kalon. 「恥ずべきこと（aischron）」と対をなす。

＊12　同様の考え方については、プラトン『プロタゴラス』三六〇E―三六一C、同『メノン』七一B参照。

＊13　「ソロンの改革」で有名なソロンは、前七―六世紀のアテナイを代表する政治家兼詩人。このソロンの言葉への言及としては、プラトン『ラケス』一八八B（拙訳『ラケス』講談社学術文庫、一九九七年、三七頁）も参照。なお、この言葉については「解説」第二節も参照されたい。

［第一部］

＊1　「博識」の原語は polymathia. 「五種競技の選手（pentathlos）」と並ぶ本篇のキーワードである。

＊2　原語は philogymnastia.

＊3　文法に忠実に訳せば「彼らを身体に関してよい状態にしてくれるようなもの」となるが、日本語として分かりやすいように意訳した。

＊4　「苦しい練習」の原語は ponos の複数主格形 ponoi.

＊5　B写本、T写本とも kai nyn を伝えているが、前後関係からヘルマン（Hermann）の提案を採用し、kai hyn（hȳs（豚）の単数対格形）と読む。同様の表現については、プラトン『ラケス』一九六D参照。

＊6　省略された文章のため、意味をとるのに難渋する箇所であるが、前半の文章にある touto gnōnai を

後半の pothen 以下の文に補い、その意味上の主語を andra ととる。

＊7　この箇所も直訳すれば「人々を身体に関してよい状態にすること」となるが、意訳する。

＊8　「主張」の原語は hypothesis. 字義どおりには「下に置いたもの」を意味し、「仮設」、「前提」とも訳せる。

＊9　体育会系青年相手に自説を弁護することを指すととる。

＊10　「学問」の原語は mathēmata.「学科」、「教科」とも訳せる。

＊11　原語では hoposa kai hopoia の順であるが、入れ替えて訳す。

＊12　ホメロス『オデュッセイア』二一・三二一以下のエウリュマコスの言葉を参照。

＊13　「知的理解力」の原語は synesis.

＊14　一ムナは一〇〇ドラクマ。

＊15　「棟梁」の原語は architektōn で、「建築家」を意味する英語の architect の語源。

＊16　一ムナが一〇〇ドラクマだとすると、一万ドラクマは一〇〇ムナということになる。

＊17　「専門家」の原語は dēmiourgos. 一般的には「職人」を指す。

[第二部]

＊1　「五種競技の選手」の原語は pentathlos の複数主格形。五種競技（pentathlon）は、走り幅跳び、徒競走、円盤投げ、槍投げ、レスリングから成っていたとされる。

＊2　ここで「造詣の深さ」と訳した原語は、第一部訳註＊13と同じ synesis.

＊3　第一部訳註＊17参照。

＊4　原語は chrēsimous で、chrēsimos の複数対格形。後出の chrēstos と区別して訳す。

＊5　Cobet および Burnet に従って、ton philosophon を削除して読む。

[第三部]

＊1　原語は banausos の複数対格形。banausos は手仕事を専門とする職人を意味したようだが、侮蔑的なニュアンスも含まれていたようである。

＊2　原語は副詞の orthōs.「正しい仕方で」あるいは「しかるべき仕方で」とも訳せる。

＊3　原語は kolazein.「懲らしめる」という訳もあるが、罰するニュアンスが強くなるように思われるので、このように訳す。人間については「矯正する」とした。

＊4　「善いもの」の原語は chrēstos の複数対格形。第二部訳註＊4も参照。

＊5　原語は dikastikē.

＊6　原語は dikaiosynē.

＊7　原語は to hauton agnoein で、「己の分を弁《わきま》えないこと」とも訳せる。

＊8　原語は sōphronein.「節制があること」とも訳せる。自己認識と節度の関係については、プラトン『(第一) アルキビアデス』一三一B以下参照（拙訳『アルキビアデス　クレイトポン』講談社学術文庫、二〇一七年、一〇三頁以下)、同『カルミデス』一六四C以下参照。

＊9　原語は to heauton gignōskein で、「己の分を弁えること」とも訳せる。

＊10　デルポイの神殿の柱に刻まれていたと伝えられる「汝自身を知れ」という格言の解釈については、プラトン『(第一) アルキビアデス』一二九A以下、同『カルミデス』一六四D以下参照。また、この格言と自己認識の関係をめぐっては、前掲拙訳『アルキビアデス　クレイトポン』の「解説」(一五五―一九六頁）ならびに本書の「文献表」に挙げた中畑論文を参照されたい。

＊11　論理のつながりを理解しやすくなるように補足すれば、「罰せられる」の原語は dikēn didōsin（接続法）で、文字どおりには「彼らが正義を与える」となるが、意味上は受け身になる。いずれにしても、

この「正義」という単語が「政治の術でもある」という次のソクラテスの言葉を導く媒介役を果たしている。

＊12　プラトン自身が『ゴルギアス』や『国家』で僭主を厳しく批判していることからすれば、ここで「僭主（tyrannos）」と王が並列されていることに違和感を覚える読者もいるかもしれない。しかし、『法律』七〇九D—七一一Aでは、道徳的資質に恵まれた僭主が政治改革の主役になる可能性が語られている（Centrone, 47, Anm. 21 参照）。もともとはその善し悪しにかかわらず「絶対的な権力をもつ支配者」といった意味で、神々に対しても使われた名称とされる（L & S の該当項目を参照）。

＊13　バーネットが採用しているB写本では tautēs とあり、ヘルマンは kai en toutois を提案しているが、tautēi と読むことを提案したい。

＊14　この自賛ともとれるソクラテスの言葉には、クセノポン描くところのソクラテスを想起させるところがある。クセノポン『ソクラテスの弁明』五—六節（拙訳、プラトン『ソクラテスの弁明・クリトン』講談社学術文庫、一九九八年、二一一頁）参照。ただし、最後の動詞 epēnesan（epaineō のアオリスト三人称複数形）の意味を一般的な「称賛した」ではなく「受け入れた」、「認めた」の意味にとれば、自賛のニュアンスは薄まる。後者の例としては、Mitscherling (tr.), p. 626、納富、七八頁、註（48）など。

解　説

『リュシス』について

田中伸司

一　著者プラトンについて

プラトンは前四二七年に（伝承によれば）アテナイ西方のアイギナ島に生まれ、前三四七年に「書きながら死んだ」（キケロー『大カトー・老年について』一三）と言われている。父はアリストン、母はペリクティオネで、アデイマントスとグラウコンという兄と、ポトネという姉（または妹）がいた。おそらくは二人の兄を通じて早くからソクラテスに親しんでいたが、アテナイの若者の常として政治を志していた。しかし、前三九九年のソクラテスの裁判と刑死に象徴される祖国の混乱を目の当たりにし、哲学の営みへと向かう。前三八七年頃にはアカデメイアの地に現在の大学の原型とも言える自身の学園を開いた。プラトンの名の下に、真作と偽作を合わせて三六の作品と一三通の書簡が伝えられている。

二　主題

プラトンの対話篇『リュシス』には古代以来「友愛あるいは友について」という副題がつけられており、友愛・友が主題であることは一目瞭然である。友愛（ピリアー）は古代ギリシア社会において、人を結びつける紐帯として機能した、とりわけ強い関係性だと考えられている。コンスタンによれば、ピリアーは、友情はもちろんのこと、政治、外交、軍事、さらには貸借などの経済活動までをも支えていた基礎的な関係性である（Konstan）。しかしながら、古代ギリシア思想における重要性とは裏腹に、プラトン研究においては友愛がこうした広い関係性の中で論じられることはほとんどない。例えば、ヴラストスはピリアーとエロースをひと続きに捉えてプラトンの三つの対話篇『リュシス』、『国家』、『饗宴』について論じ、厳しい判定を下した（Vlastos）。すなわち、プラトンの愛の理論は自己中心的であり、個人を人格として愛する次元が欠落している、と。現在でもなお欧米圏ではこのヴラストスの見解が標準的なものとして受け入れられている。

この標準的な見解に対して、『リュシス』はソクラテス的な（あるいは倫理的な）エゴイズムと他者を気遣う愛を――親の愛を例にとり、子が幸せであることなくして親が幸福ではありえないことを論拠に――統合しようとするプラトンの試みだとして反論されることもある（Penner and Rowe）。しかし、このような人間関係に定位した友愛概念の分析のみによって答えようとすることは、確かに前述の伝統的な友愛概念には適合するが、『リュシス』の読解としては不十分である。『リュシス』におけるプラトンの友愛概念――例えば、人間のあいだの愛とモノへの愛（酒を愛したり、知恵を愛したりすること）をともに「愛」として捉えるという枠組み――は、プラトンの存在論や宇宙論などを視野に入れた、より広い射程を要請している。そうした視野に立って初めて、自然哲学者批判、第一の友、パルーシアー（臨在）、影像、欲望といった中期以降の対話篇と通底するように見える議論が理解されるだろう。こうしたプラトンの友愛概念の射程の広さは、アリストテレスがプラトンのイデア論を批判することで倫理学の場所を確保し、そして『リュシス』の友愛概念を踏まえて愛の理論を構築してゆく行程に、逆説的ではあるが、示されているとも言えるだろう(1)。

しかし、こうした射程の広さによっては説明のつかない点も『リュシス』にはある。ソクラテスは対話篇の末尾において、友とは何であるかを分からないにもかかわらず、ソクラテスと二人の少年たちは「自分たちは互いに友だと考えている」（二二三B）と告げている。いわゆるソクラテスの「何であるか」の探究では考えられない状況である。というのも、例えば勇気の何であるかが分からなければ、勇気ある者だと考えることは誤りとされるはずだからである。あるいは、ソクラテスの発言は、『リュシス』における友愛と友の探究が、徳についてのそれとは異なり、「友である」というあり方を前提としてしかなされえない構造になっていることを示しているのかもしれない。

三　年代設定

ソクラテスが生きた前五世紀は、祖国アテナイがペルシア帝国との戦いに勝つことで絶頂に昇りつめ、スパルタをはじめとする他のポリスとの争いの中でどん底へと転がり落ちていく時代である。ソクラテスは歩兵として三度出征しているが、本対話篇では自身を老人と言っていることから、まずは彼が五五歳頃、つまり前四一四年あたりを対話設定の上限と考えることができる。

次に社会状況の面から考えてみよう。アテナイがスパルタに屈服するのは前四〇四年であるが、本篇にはこのギリシア世界を二分した戦いの戦局の悪化や好転といったことを示唆する言葉はなく、また若者たちもかなりのんびりしていることから、相当に平穏な空気がアテナイを覆っていた時期だと考えられる。前四一五年にソクラテスの仲間だったアルキビアデス主導のシケリア遠征が始まるが、前四一三年夏には大敗という結果に終わった。加えて、この遠征中に敵国スパルタに亡命したアルキビアデスは祖国アテナイを追いつめていき、前四一一年夏にアテナイで四〇〇人政権による寡頭政が樹立されるが、同年秋には五〇〇〇人政権に移行する。アテナイ政局が迷走する中、アルキビアデスはサモス駐留のアテナイ海軍の将軍職に就いて戦果を挙げ、前四一〇年夏には民主政が復活し、以降しばらくのあいだ、アテナイには比較的安定した状況が訪れる。このようなアテナイの状況を考慮するなら、対話設定の上限をこの前四一〇年夏まで下げることができるだろう。

他方、下限は、アルキビアデスがアテナイ全市の歓迎のもと凱旋した前四〇七年春までと考えられる。それ以降は戦局が不安定化し、翌年にはアルキビアデスが失脚する。そして、悪名高いアルギヌーサイ裁判[2]があり、前四〇四年春の全面降伏と三〇人政権による寡頭政、続いて内戦、そしてソクラテスの刑死へと進んでいくことになるからである。

したがって、『リュシス』の作劇上の年代設定は、前四一〇年夏以降から四〇七年春までの時期と推定される。ネイルズは前四〇九年春と想定しているが（Nails）、十分にありうる想定だと思われる。

ところで、プラトンは一二歳頃にソクラテスと知り合ったと伝えられている。後述の登場人物の年齢設定が正しければ、本対話篇のリュシスやメネクセノスと同じ年頃にソクラテスに出会ったことになる。プラトンの同時代の読者たちは、リュシスがソクラテスと知り合う様子には、もしかするとプラトン自身の思い出も反映されているのではないかと思いながら、本篇を読んだのかもしれない。

四　登場人物

ソクラテス

プラトンの対話篇の多くに登場し、対話篇の主役を務めている。『リュシス』では末尾で自らを「老人」と呼んでおり（二二三B）、五〇歳代後半から晩年にかけての十数年間のある日の対話ということになる。前述の年代設定が正しければ、ソクラテスは六〇歳頃だったことになる。

ヒッポタレス

対話篇冒頭で「若者（neāniskos）」と呼ばれている。また、対話の舞台はヘルメス祭で、法によって一八歳以上の男子の参加は禁じられていたことから（アイスキネス『弁論集』「ティマルコス弾劾」一二。Cf. Schleiermacher（Übers.））、一七歳以下であることになる。(3) そして、クテシッポスと同年代として描かれていること、またクテシッポスがいとこのメネクセノスより年長と思われること、かつメネクセノスがリュシスと同年齢とされていることから、ヒッポタレスはリュシスより少しばかり年上として設定されている。紀元三世紀頃の人ディオゲネス・ラエルティオスは、ヒッポタレスをプラトンの弟子の一人として挙げているが（『ギリシア哲学者列伝』三・四六）、前述の対話篇の年代設定からすると、年齢はプラトンとそれほど大きく違わないことになる。

クテシッポス

『エウテュデモス』にも登場し（二七三Ａ）、『パイドン』ではソクラテスの死の場面に居合わせたことが報告されている（五九Ｂ）ことから、ソクラテスの取り巻きの一人だったと考えられる。『リュシス』の導入部でのソクラテスとのやり取りは、そのような親しさを感じさせる。ディオゲネス・ラエルティオスは、クテシッポスをクリトンの息子だと報告しているが（『ギリシア哲学者列伝』二・一二一）、これを誤りとする研究者もいる（Nails）。本篇ではヒッポタレスとほぼ同年齢として設定されているが、プラトンの対話篇以外には確たる根拠はない。

リュシス

「若者（neāniskos）」とも「少年（pais）」とも呼ばれている（二〇五Ａ―Ｃ）が、リュシスにはまだ守り役が付いており、体育所《パライストラ》で学んでいることから、古代ギリシアでの初等教育の期間とされる、およそ六歳から一四歳までの少年である。他方で、親の言いなりではなく自分で考えることの必要性が対話の中で示唆されていること、また同年齢のメネクセノスが自然哲学者たちの本を読んでいることを考慮するなら、一三歳前後に設定されていると考えられる。リュシスの家族については本篇でも紹介されているが、父親がデモクラテス、祖父が同名のリュシスであり、その富と名声はアテナイではよく知られていた（二〇五C）。実際、祖父リュシスの所有と考えられている赤像式の絵が描かれた壺（「リュシスは美しい」という言葉が書かれており、前四七〇—四六〇年代のものと推定される）が多数知られている。本篇でリュシスがヘルメス祭の役にあたって花冠をしていることも、その家格の高さを示す描写と言える。また、弁論家アンティポンの断片によれば（プルタルコス『英雄伝』「アルキビアデス」三）、父親のデモクラテスはアルキビアデス（前四五〇—四〇四年）のエラステース（恋する人＝リュシスにとってのヒッポタレスのような存在）の一人だったという。リュシス本人については、本篇をもとにしたのかもしれないが、ディオゲネス・ラエルティオスには「リュシスをソクラテスは駆り立てて、きわめて有徳な者にした。すなわち、彼は物事から論理を見つけ出すことができるようになったからである」（『ギリシア哲学者列伝』二・二九）という記述がある。なお、ネイルズによれば、考古学的調査により、一九一二年にリュシスの娘とその夫の墓石が、そして一九七四年にはリュシス自身の墓石が見つかっている（Nails）。復元された墓碑によって、リュシスには息子と娘がいたことが知られている。また、墓碑に関する研究に基づいて、リュシスは前四世紀の第二四半期、つまり前三五〇年以前に死んだと推定される。

メネクセノス

本篇ではリュシスと同年齢として描かれている（二〇七C）。プラトンの『メネクセノス』では「教育と哲学は完成したと思い、もっと大きな仕事にもう十分に準備が整ったと考えている」（二三四A）人物として登場している。前述の『リュシス』の年代設定が正しければ、前三八七年の「大王の和約」（アンタルキダスの和平）の直後に年代が設定されている『メネクセノス』では、三〇代半ば過ぎであることになる。もっとも『メネクセノス』では、前三九九年に死んだはずのソクラテスが登場しているように、その設定にどこまで信頼が置けるのか、疑問は残る。前述のように、クテシッポスはいとこにあたり、そしてクテシッポスとともにソクラテスの刑死の場にいたことが報告されていることから（『パイドン』五九B）、プラトンの読者にはメネクセノスもまたソクラテスと近い人物として知られていた。

五　構　成

［導入部］（二〇三A―二〇七B）：ヒッポタレスの恋（エロース）とソクラテスによる批判
――少年たちとの対話の外枠の提示

ソクラテスはヒッポタレスに、どう対話すればリュシスと友になれるのか、具体例を示すと約束する。実は、ヒッポタレスが欲していることとソクラテスが約束していることとのあいだにはずれがあるのだが、そのことはソクラテスと少年たちの対話が進むにつれて明らかになっていく。

[第一部]（二〇七C—二一〇E）：リュシスとの対話——愛をめぐる関係概念の提示

ソクラテスはリュシスとメネクセノスの二人を相手に対話を始めるが、メネクセノスが席を外し、リュシス一人と対話することになる。ソクラテスが最初に問うのは、親の愛（ピリアー）である。ヒッポタレスの愛（エロース）とは違い、親の愛はリュシスの幸福を願う、ある意味では報いを求めない愛である。(4) 同時に、それはリュシスにさまざまな規制をもたらすが、リュシスは「思慮をもつようになった事柄」（二一〇A—B）については自由であり、他の人々を「支配」し、益を得ることができ、それらは「自分のもの・身内」となる。他方、「心得がないこと」（二一〇B）については他の人々に従属し、それらは「他なるもの」となる。ところで、リュシスはまだ教師を必要としており、したがって思慮のある者ではない。つまり、（対話の中では明示されていないが）リュシスを愛する者はいないことになる。それゆえ、この対話を聞いていたヒッポタレスは困惑してしまう。というのも、ヒッポタレスも、リュシスと友になると約束したソクラテスも、リュシスを愛することもなければ、友であることもないことになるからである。

［第二部］（二一一A―二一三C）：メネクセノスとの対話――愛するという行為による分析

メネクセノスが戻ると、議論の方向は大きく変わる。ソクラテスは「誰かが誰かを愛するとき、どちらがどちらの友になるのか」（二一二A―B）と問う。メネクセノスは問われるがままに答え、その答えはすべて否定されていく。

(a) 第一の選択肢「ただ一方が他方を愛するだけで、両者はお互いの友になる」（二一二B）。――しかし、恋する人は「せいいっぱい愛しているのに愛し返してもらえないと思っていたり、憎まれているとさえ思っていたりする」（二一二B―C）。実際、ヒッポタレスが愛するだけでは、ヒッポタレスとリュシスが互いの友になることはない。したがって、第一の選択肢は否定される。

(b) 第二の選択肢「両方ともが愛していないかぎり、どちらも友ではない」（二一二D）。――例えば、私たちは犬や酒を友とし、知恵を愛する。確かに知恵は愛し返してはくれないが、知恵を愛する者は知恵の友［哲学者］である。しかも、「母親や父親に叱られる時には憎みさえする者もいるが、子どもたちが憎んでいるその時にも、やはり子どもたちは親たちにとっては何にもまして、いちばんの友［最も愛しい者］」（二一三A）である。それゆえ、第二の選択肢も退けられる。

(c) 第三の選択肢「愛する者が友なのではなく、愛されている者が友である」（二一三

A)。——第二の選択肢での親子間の愛と憎しみの例に基づいて、「憎まれている者が敵なのであって、憎んでいる者のほうではない」(二一三A) ことが導かれる。したがって、「多くの者が敵によって愛され、友によって憎まれることになり、つまり敵にとっては友、友にとっては敵となる」(二一三A—B)。しかし「友にとっては敵、敵にとっては友というのは、まったく不合理、いや、むしろ不可能」(二一三B) であり、第三の選択肢も退けられる。

(d) 第四の選択肢「愛するものが愛されるものの友である」(二一三B)。——第四の選択肢も第三の選択肢と同様の理由で退けられる。すなわち、「憎んでいるものは、今度は憎まれているものの敵になる」(二一三B)。つまり、「敵の友、友の敵」ということが帰結してしまう。それは不合理かつ不可能である。

こうして四つの選択肢はすべて否定される。

[第三部] (二一三D—二一八C): 二人の少年たちとの対話——友である主体のあり方による分析

ソクラテスは「メネクセノス、私たちはまったく正しくない仕方で探究していたのではないだろうか」(二一三D) と問う。すると、横から「正しくなかったと思います」(二一三D) とリュシスが再び登場してくる。

ソクラテスは詩人たちや賢者たちの言葉を探究の導き手にすることを提案する。

(a) 第一の可能性「似たものが似たものにとって友である」（二一四B）。――しかし、「劣悪な者は劣悪な者にとって、より近づいて知り合えば知り合うほど、いっそう敵になる」（二一四B―C）ことが指摘される。それゆえ、「似たもの」とは「善い人たち」のこととして探究されることになる。

(b) 第二の可能性「善い者たちは互いに似ていて友である」（二一四C）。――似たものは似たものに、似ているというかぎりで、「自分自身に与えることのできない利益や害を」（二一四E）与えることはできない。すなわち、善い人は、善くあるというかぎりで、その善くあるということについては自分自身で足りている。ところで、「何も必要としない人は何かを愛することもない」（二一五B）。したがって、善い人たちは互いに友ではありえないことになる。

(c) 第三の可能性「最も反対のものが最も反対のものにとって最も友」（二一五E）である。――ソクラテスはこの第三の可能性をある人物の話として紹介する。ヘシオドスと自然学的な議論に基づいて展開される壮大で洗練された議論と言われた第三の可能性は、「ものすごく頭の切れる」（二一六A）論駁家たちの議論によって退けられる。すなわち、「反対であるというかぎりで、何かが何かにとって友である」（二一六B）とすれば、敵が友にとって友であり、また「正しいものが不正なものと、あるいは節度あるものが放埒なものと、あるいは善いものが悪いものと友」（二一六B）であることになる。しかし、これは不合理である。ソクラテスは「議論がいきづまったために目眩《めまい》がしてい」(二一六C)ると述べ、第四の可能性を提示する。

(d) 第四の可能性「善くも悪くもないものが、美しく善きものの友である」(二一六D)。——ソクラテスはこの第四の可能性を「霊感に導かれて」(二一六D)のことだと語り、病人と医術を例にして説明する。「病人はその病気ゆえに医者と友になる」(二一七A)。つまり、身体は、身体であるかぎりは善くも悪くもないが、「病気ゆえに、医術を歓迎し、愛し求めざるをえない」(二一七B)。したがって、「悪くも善くもないものが、悪がそなわる[臨在する]がゆえに、善いものの友になる」(二一七B)。それゆえ、「すでに知のある者たちが——人間たちであれ神々であれ——、知を愛し求める[哲学する]ことはもはやなく、そして無知であるために悪くなってしまった人たちもまた知を愛し求めることはない、[…]したがって、残るのは、無知というこの悪をもってはいるが、まだその悪によって無知で無教養にはなりきっておらず、自分たちの知らないことは知らないとまだ考えている人たちである」(二一八A—B)。この帰結は、確かに第三部のここまでの議論とも調和する。そこで、ソクラテスは「リュシスとメネクセノスよ、私たちは何にもまして、友とは何であり、何でないかを見つけたのだ。すなわち、私たちはそれを次のように主張する。魂についてであれ、身体についてであれ、あらゆることについて、悪くも善くもないものが、悪がそなわるがゆえに善の友である」(二一八B—C)と述べ、第三部が終わる。

【第四部】（二一八C—二二二E）：「第一の友」と「自分のもの」——愛についての目的と原因による分析

ソクラテスは第三部の結論に対して「奇妙な疑い」（二一八C）を表明し、第三部の結論を問い直す。友である人がいるとすれば、それは「何かのために、そして何かのゆえに、なのだろうか」（二一八D）と。第三部の議論に従えば、病人は、健康のために、病気のゆえに、医者の友である。そして、病気とは悪しきものであり、敵であるが、他方、健康とは善きものであり、友である。「すると、友とは、友のために、敵のゆえに、友の友であることになる」（二一九B）。

(a)「第一の友」（何かの「ために」と何かの「ゆえに」）

①「第一の友」の導出——医術は健康のために友であり、その健康もまた友である。それもまた「何かの友のため」であり、「それもまた友のために友であることになる」（二一九C）。そうすると、無限後退に陥るか、あるいは「ある始まり《アルケー》に〔…〕たどりつく」（二一九C）。その始まりとは「第一の友《プロートン・ピロン》」（二一九D）である。ソクラテスは「かのもののために友であると主張した他のすべてのものは、ちょうどそれの何か影像のように私たちを欺いているが、本当に友であるのはかの第一のもの」（二一九D）であると述べている。何か他の

友のために私たちにとって友であるものは「言葉の上で」（二二〇B）友と呼ばれる。しかし、「本当に友であるのは、それらのいわゆる友愛が皆それへと至る、かのそれである」（二二〇B）ということになる。

②「第一の友」の否定――「だとすれば、本当の友とは、何かある友のために友であるのではない」（二二〇B）。というのも、善は悪のゆえに、悪と善の中間にあるものどもによって愛し求められるのであり、「善それ自体は善自身のためには何の効用ももっていない」（二二〇D）からである。つまり、第一の友は他のさまざまな友とはまったく反対の性質をもつことになる。すなわち、「敵のために私たちにとって友だったのであり、もし敵が去るなら、もはや私たちにとって友ではない」（二二〇E）ことになる。しかし、悪が滅んだあとでも、例えば飢えや渇きのような、善でも悪でもない欲望は残る。「欲し恋しているもの」とは「愛し求めるもの」であり、それゆえ友が存在していることになる。したがって、「本当は、［…］欲望が友愛の原因であり、そして欲望をもつものが、自分が欲望するものと、そして欲望しているその時に、友なのであ」（二二一D）るとソクラテスは述べ、「第一の友」は否定される。

(b)「自分のもの」（「自分に欠けているもの」）

ソクラテスは第一の友を否定する際に「欲望が友愛の原因であ」（二二一D）ると述べて

いたが、これは同時に次に問うべき選択肢を用意していたことになる。

①「自分のもの《オイケイオン》」の導出――ソクラテスは「欲望をもつものは、何であれ自分に欠けているものを欲するのだ。そうではないかね」（二二一D）と問い、同意を得る。そして「欠けたものとなるのは、およそ何かを奪われているものである」（二二一E）。すなわち、欠けたところのあるものが、その本来自分のものであるはずのものの友になる。したがって、「本来自分のものであるものに、恋《エロース》も友愛《ピリアー》も欲望《エピテューミアー》も向かっている」（二二一E）ことになる。

②アポリアの導出――ソクラテスは、この「自分のもの」が第三部で吟味した「似たもの」と、もし「何ほどか異なるのであれば、リュシスとメネクセノスよ、私たちは友について、その何であるかという点で、何らか意味のあることを語っていることになる」（二二二B）と述べ、二つの選択肢を提示する。

(1)「善はすべてのものにとって本来自分のものであるが、悪は他なるものである」（二二二C）。

(2)「悪は悪にとって自分のものであり、善にとっては善が、善くも悪くもないものにとっては善くも悪くもないものが、自分のものである」（二二二C）。

少年たちは(2)を選択するが、ソクラテスによってただちに退けられる。なぜなら、この選択肢は第三部の第一の可能性（「似たものが似たものにとって友である」）としてすでに否定されたものだからである。さらに、(1)も、もし自分のものと善きものが同じだと認めるなら、すでに第三部の第二の可能性として否定された「善きものが善きものと友になる」ということになってしまう。ソクラテスは「これらのうちのどれも友ではないのなら、何を言ってよいのか、もはや私には分からない」（二二二E）と述べ、対話がアポリアー（いきづまり）に陥ったことを宣言する。

［結　び］（二二三A—B）

アポリアーの宣言とは裏腹に、傍白においてソクラテスは「こう言いながら、ぼくは年上の者たちの誰かをけしかけようとすでに考えていた」（二二三A）と語っている。すなわち、さらに探究の先があることが示唆される。その上で、ソクラテスは少年たちに向けて、「友とは何であるかを見つけることができなかった」が、「自分たちは互いに友だと考えている」（二二三B）と告げ、本対話篇を締めくくるのである。

六　『リュシス』の位置づけ

対話篇『リュシス』は、ていねいな場面設定と探究がアポリアーに終わるという点から、ソクラテス的対話篇として位置づけられている。ただし、初期対話篇とは異なり、議論は必ずしもソクラテスの対話相手の言説と生に向けられているわけではない。『リュシス』での対話相手は少年たちであり、彼らにはまだ「彼ら自身の」と言えるような生き方も言説もないからである。それゆえ、『リュシス』では、「何であるか」という、いわゆるソクラテスの問いが発せられることはない（Cf. Sedley）。とはいえ、確かに表面上はソクラテスが問いを発し、少年たちが答えている。しかし、実際には対話はソクラテスによって進行しており、中期以降の対話篇で用いられることになる議論の組み立てや用語が次々と提示される。ソクラテスが論点の提示を積極的に行っているという点では初期対話篇的ではなく、むしろ中期以降の対話篇と特徴が一致する。

さらに、対話篇の形式という点では、『リュシス』はソクラテスが過去に行った対話を無名の何者かに報告するという、いわば間接的な対話形式をとっており、これは『国家』と同じである。他には偽書とされている対話篇『恋がたき』、『エリュクシアス』、『アクシオコス』がこの形式をとっている。関連して言えば、間接的な対話形式は、対話の中で過去に行われた対話を報告するという、いわば入れ子状のものであり、『プロタゴラス』、『パイドン』、『パルメニデス』、『テアイテトス』がこれにあたる。このように、対話篇の議論の内容と対話形式の両面を踏まえるなら、『リュシス』の著作年代は、近年の研究が想定するように、初期から中期への移行期に位置づけるのが妥当だろう。

ところで、ディオゲネス・ラエルティオスは「ソクラテスは、プラトンが『リュシス』を読み上げるのを聞いて、『おやおや、何と多くの嘘を、この若者は私について語ることか』と言った、ということである」(『ギリシア哲学者列伝』三・三五)という逸話を報告している。プラトンが対話篇を書き始めたのはソクラテスの死後と考えられるので、この逸話は事実ではないことになるが、『リュシス』が古代世界で広く読まれていたことを示す証拠でもある。一九世紀には真作であることを疑う研究者もいたが(Cf. Levin)、アリストテレスの二つの倫理学書『エウデモス倫理学』と『ニコマコス倫理学』の友愛論が『リュシス』の議論を踏まえていることを見ても、プラトンの真作であることは古代以来ほぼ動かなかったと考えてよい。ある研究者たちが想定するようにプラトンの学園アカデメイアの教科書として用いられたかどうかは別としても(Penner and Rowe)、古代地中海世界においてプラトンの学園で学ぼうと思う若者たちは『リュシス』を読んでアテナイにやって来たというのは、大いにありそうなことである。

註

(1) 例えば、神崎繁「『ニコマコス倫理学』解説」並びに荻野弘之「『エウデモス倫理学』解説」を参照。
(2) プラトン『ソクラテスの弁明』三二B―C参照。ソクラテスは評議会の委員を務め、この裁判の違法性を指摘して、ただ一人反対した。

（3）　アテナイでは一八歳に達すると成人として市民権登録することができた。伝アリストテレス『アテナイ人の国制』四二・一参照。

（4）　古典期アテナイにおいて父親には赤子の遺棄の権限があったこと、また子の養育には老後への備えという面が強く意識されていたことから、ソクラテスがここで親の愛を無条件的な無私の愛として提示しているとみなすことには疑問の余地がある、という指摘がある（Obdrzalek）。

『恋がたき』について

三嶋輝夫

一　題名と著者問題

本篇の題名としては、古来『恋人たち（*Erastai*）』と『恋がたき（*Anterastai*）』という二つの題名が伝えられている。写本が一致して伝えているのは前者であるが、哲学史家のディオゲネス・ラエルティオスは後者を伝えている(1)。一般則としては写本を優先すべきところであろうが、内容に照らしてみると、後者もまた捨て難く思われる。というのも、本篇でソクラテスの対話の相手を務める二人の青年は、片や屈強な「体育会系青年」、片や軟弱な「哲学青年」として、お目当ての少年を争う以上に、自由人が一生を通じて愛するにふさわしいのは体育なのか、それとも哲学なのかをめぐって争っているように見えるからである。そのような両者のあいだの競争意識と緊張関係を表すには、むしろ「恋がたき」――同じ恋人を争うという通常の意味よりも、むしろ、どちらの恋人のほうが美しいかを競い合うという意味で――のほうがぴったりするように思われるので、本訳書では、あえてそちらを採用することにしたい。なお、題名として前者を採っているのはバーネット、ラム、リーク、納富など、後者を採っているのはシュライエルマッハー、スイエ、ミッチャーリング、東、田之頭などの諸家である。[2] ただし、翻訳の底本はバーネットに拠っている。

この作品がプラトン自身の手になるものかどうか、という著者問題については、プラトン作品のDNA鑑定とでもいったものが発見されないかぎり永遠の水かけ論に終わるほかはない。しかし、その問題提起が「哲学とは何か」を端的に問うものとして、著者が誰であろうと、真剣な考察に値するものであることに異論を唱える者はいないであろう。[3] いわば作品の出自を問わず、虚心坦懐にこの作品に接するなら、読者は「その中で提起される論点は至極興味深いものである（The points raised for discussion in it are of much interest）」(Grote, 448) こと、それがまた「短くも大変気のきいた対話篇（a short and clever dialogue）」(Crombie, 225) であることに同意するのではないだろうか。[4]

二　作品の構成と主題

［導入部］（一三二A―一三三C九）

本篇もまた『リュシス』と同様、美少年たちと彼らに恋しているとされる青年たちの輪の中にソクラテスが入っていくところから始まっている。しかし、その後の展開を見ると、この作品では「恋の鞘あて」もなければ、青年側の恋愛感情をうかがわせる記述も『リュシス』よりはるかに稀薄である。

むしろ、ここで重要なのは、少年たちが夢中になって論争している「空の上のこと」と、それについての「体育会系青年」の辛辣なコメントが対比されることによって、早くもこの段階で〈「知を愛すること」[5]としての哲学の内実は何か〉という作品全体を貫く根本主題が提示され、続けてソクラテスが「哲学青年」に同じ問いをふり、ソロンの言葉を引き出すことによって、本篇における吟味の主要標的となる「哲学＝博識」説を導入するお膳立てが整えられていることである。

まだこの段階では「空の上のこと」についての探究と哲学の関係は表立って問われていないが、実は両者の関係は作品全体の解釈にも関わる大きな問題を孕むものである。しかし、この問題については最後に取り上げることにしたい。

［第一部］（一三二C九―一三五D七）

「哲学青年」がソロンの言葉を引用しながら、「哲学しようとする（philosophēsein）者は、若かろうが歳をとっていようが、この言葉にあるように、一つずつでも常に何か学んでいかなければならないと思われます。それは、一生のあいだにできるだけ多くのことを学ぶためです」と主張するのを聞いたソクラテスは、すかさず彼が「哲学（philosophia）」と「博識（polymathia）」を同一視しているのかどうかを問い、青年は全面的に肯定する。青年によって主張される、この「哲学＝博識」説を批判的に吟味すること――それが第一部の課題にほかならない。

青年の答えを承けてソクラテスは、「知を愛すること」としての哲学が「立派なもの(kalon)」であるだけでなく、「善いもの」でもあることを確認した上で、それが「体育を愛すること（philo-gymnastia)」にもあてはまるかどうかを尋ねる。ここでまず注目されるのは、その問いに対する青年の応答の仕方である。それは相手がソクラテスなのか、それとも「体育会系青年」なのかに応じて、答えの内容そのものを使い分けるという、対人論法的な性質を帯びたものであり、議論に臨むタイプとしては争論家的な姿勢と見えるものである。そして、議論に臨んでのこの便宜主義的な姿勢は、哲学青年のその後の応答においても顕著である。

次にソクラテスは、量に関して哲学と同じことが体育愛にもあてはまるかどうか、すなわち「多くの苦しい練習を積むこと（polyponia)」が「体育を愛すること」にほかならないのかどうかを問い、青年はこれについても肯定する。重ねてソクラテスは、体育好きの者たちが希求する身体の良好な状態が、多くの鍛錬を通じて得られるものなのか、それとも適度の鍛錬によるものなのかについて、哲学青年の見解を問い、青年は前者であると答える。

ここに至ってソクラテスは、目標達成のための方法についての哲学青年の見解が正しいかどうか、最初の発言以降沈黙していた体育会系青年に尋ねるが、青年は「多くの練習」ではなく「適度の練習」によるものであることは「豚でも知っている」と答える。それだけにとどまらず、青年は皮肉たっぷりに「哲学青年」の肉体的な貧弱さをあてこすり、聞き入っていた少年たちの笑いを誘う。

　ここまでのやり取りの描写からだけでも両青年のキャラクターの相違は鮮明であり、そのことは著者の伎倆が一般に言われるほど低くはないことを示すものであろう。

　さて、身体を鍛えるには適度の運動のほうがふさわしいことを哲学青年にも認めさせたソクラテスは、まず量に注目して、食べ物をはじめとする身体に関わるものすべてに関しても適量こそが望ましいことを確認した上で、今度は魂に目を向けさせる。そして、魂にあてがわれる糧としての学問（教科）についても、適度な量が有益であることを認めさせる。次に問題とされるのは、誰がその程のよさを判断できるか、という問いであるが、ここでは、単にあてがわれるものの量だけでなく、その内容も問題とされることになる。すなわち、「どのような練習と食べ物が身体にとって適当なのか」が問題となり、それに答えられる専門家は誰かが問われる。

　身体に関しては、それが医者もしくは体育教師であることに三人の意見はすぐさま一致するが、問題は魂に関してである。

「魂に学問を植えつけたり、その種を蒔いたりすることに関して、どのようなものを、どれくらい蒔くのが適切なのか」については誰に尋ねたらよいのか、という問いに逢着して、三人揃っていきづまってしまう。ここでソクラテスは冗談めかしながら、二人の少年に助け舟を求めることを提案するが、即座に撤回し、「他の仕方で」考察することに取りかかる。解釈者たちが指摘するように、少年たちが終始一貫して議論そのものに加わることなく終わるところに、本篇と『リュシス』の一つの大きな違いがある。

　そこでソクラテスは、質問の向きを学ばれるべき学問の量からその内容に転じ、摂取すべき学問についても「すべての学問でもなければ、多くの学問でもないとすれば」、どのような学問を「哲学する者」は学ぶべきなのか、と哲学青年に尋ねる。これに対する青年の答えは、まさにこの「哲学」青年の哲学理解の内実を暴露するものにほかならない。すなわち、青年曰く、「学問の中でも、それが元で哲学にかけて最大の名声を博すことができるようなものこそが、最も立派でふさわしいものです。そして、もし人があらゆる専門技術に心得があるように見えるなら、最大の名声を博すことができるでしょう」。

　この言葉は、青年にとって「哲学」なるものが「知」に対する「愛」、すなわちphilo-sophiaではなくして、その実体において「名声（doxa）」に対する愛、philo-doxaにほかならないこと、彼が哲学者（philo-sophos）ではなく、「名声愛好者（philo-doxos）」でしかないことを如実に示すものである。「名声」と訳したギリシア語のdoxaには、もともと正しいこともあるが間違っていることもある「臆見」もしくは「個人的な思い込み」という意味が含まれている。本篇では「知識（epistēmē, sophia）」と「臆見（doxa）」の対比は表立っては行われていないものの、われわれは『国家』第五巻における哲学者の規定の中で

philo-sophos が philo-doxos との差別化を通じて規定されていることを想起すべきであろう（『国家』四八〇A六、一一参照）。

この名声愛とでもいったものに加えて、もう一点注目されるのは、青年が右の引用部分に続く箇所で、すべてを学ぶことが不可能であるのなら、「手作業にではなく、知的理解力によるところの、自由人が学ぶにふさわしいものだけを学ぶこと」を代わりの方策として勧めていることである。この発言には青年が抱く階級意識が明確に表れているが、ここで手作業によるとされる営みが、のちの箇所でソクラテスが非難に値する「職人風情（banausoi）」の専門技術（technai）と述べているものと内容的に同じだとすれば、この階級意識は本篇のソクラテスによっても共有されていると言えるかもしれない。

以上の青年の言葉は、人間間の階級とそれに対応する学問間のヒエラルキーを想定するものであるが、ソクラテスはその関係を「大工（tektōn）」と「棟梁（architektōn）」の関係のようなものとして理解してよいかどうか尋ね、青年も同意する。[6]

ソクラテスの比喩のポイントは、後者の稀少性、ひいてはその域まで達することの困難さを指摘することにあると考えられるが、これに対する青年の答えは、これまた、いかにもこの人物らしい答えである。曰く、

ソクラテス、そんなふうに、つまり、まるで哲学する者は個々の技術について当の技術

を有している者自身と同じように正確に知っていなければならない、と私が主張しているとは受け取らないでください。そうではなく、自由人で教養のある者にふさわしい仕方で、ということです。

そして、この「自由人で教養のある者にふさわしい仕方」の目指すところは、「いつでも、その場に居合わせている者の中で最も知的に洗練され賢いように見える」ことにほかならないとされる。傍点を付した「見える」の原語は、まさに先述の doxa と同根の動詞 dokein である！

しかし、理解しているように「見える」だけでは事柄そのものを「知っている」ことにはならないのではないか。そこでソクラテスは、もう一つのキーワード「五種競技」を取り出して、青年を問いつめることになる。

［第二部］（一三五D八―一三七A七）

ソクラテスは、哲学青年の主張の意味するところをいっそう明確にするために、次のように尋ねる。「哲学する人間のことを、君がどういう者だと言っているのか、僕は理解しているだろうか。僕には、運動競技における五種競技の選手の、徒競走選手やレスリング選手に対する関係のようなものだと君が言っているように見えるのだが」。もしそうだとするなら、哲学する者は、それぞれの競技ならぬ技術（technai）に関して、五種競技の選手と同様、常にその分野のスペシャリストの後塵を拝し、二番手にはなれても一位にはなれないのではないか、というのがその主旨である。

この「五種競技の選手」の比喩、あるいは先の「哲学＝博識」説で誰が念頭に置かれているのかについては、古来デモクリトス、エラトステネス、ペリパトス派などの名前が挙げられてきたが（Cf. Grote, 449; Centrone, 37f.）、重要なのは同定問題ではなく、その喩えが意味する内容であろう。

先のソクラテスの疑問は、「知」を愛する者としての哲学者が、こと専門知に関しては知的要件を満たしていないことについての危惧とも言えそうであるが、哲学青年は危惧するどころか、専門に拘泥しないことこそが誇るべき点であることを強調する。曰く、

ソクラテス、あなたは哲学者を五種競技の選手に喩えることで、哲学者についての私の主張を、実に見事に理解してくださったように私には思えます。というのも、哲学者というものは、いかなる事柄に隷従することもなければ、厳密さに関してとことん骨を折ることもまったくしない人間だからです。それは、専門家たちのように、その一つの事柄だけに専念するあまりそれ以外のすべての事柄をなおざりにしてしまうことなく、あらゆることに適度に触れるためです。

何か数十年前に大学で飛び交った「専門馬鹿」批判を思い起こさせる言葉であるが、問題は「適度に触れる」だけで、およそものの役に立つ人間になれるのか、ということである。そして、これ以降の対話の焦点は、はたして哲学者は役に立つのかどうか、もし役に立つとすれば、どの領域においてか、という点に絞り込まれていくことになる。

ソクラテスはまず、優れた人間は役に立ち、劣った人間は役に立たないということに哲学青年の同意をとりつけた上で、はたして哲学者は役に立つかどうかを尋ねる。これに対して青年は、役に立つどころか、「最も役に立つと考えている」と答える。この青年の高評価を聞いたソクラテスは、生死がかかっているような重大な局面で、その道の専門家——例えば病気に罹《かか》った際の医師や、航海中に嵐に出会った時の舵取り——と哲学者のどちらが役に立つかを尋ねる。この問いに、青年もまた、そのような状況下においては哲学者は役に立たないことを認めざるをえなくなるが、そこで一転、ソクラテスは哲学本来の領域はまったく別のところにあることを主張するのである。

［第三部］（一三七Ａ八—一三九Ａ八）

第二部の帰結を繰り返した上で、ソクラテスは次のように述べる。

友よ、おそらく本当のところはそうではなくて、哲学することもまた、そのこと、つまり諸々の技術に一生懸命になることではないのだ。多くのことに首を突っ込んで忙しく生きていくことでもなければ、多くのことを学習しながらでもない。そうではなく、何か他のものなのだ。

では、何なのか。そこでソクラテスは、動物であれ人間であれ、最も優れたものにすることができる技術はまた適切に躾け矯正することができるものでもあり、さらに数の多少を問わず善いものと悪いものとを見分けることができるものである、と主張する。そして、この主張を梃子《てこ》にして、司法の術と正義こそが善い人間と悪い人間を見分ける術であると結論する。と同時に、自分が人間でありながら善い人間と悪い人間の見分けがつかない者は、自分自身を知らない、すなわち節度がないのに等しいこと、裏を返せば自分自身を知ることこそが節度にほかならないことを主張し、以上から正義と節度の同一性を導く。

さらに、正義＝節度によって無法者が罰される場合に安寧がもたらされることから、それが政治の術でもあることを結論する。そして、さまざまな統治形態を列挙した上で、それが家政に関わることであろうと、国政に関わることであろうと、まさにそのようなよき統治に関わる案件については、二等賞に甘んじるべきではないことを説くのである。

このことは、まさに哲学に諸々の技術とは異なる固有の領域、少なくともそこでだけは哲学者が一番手になることができる領域を確保する理論的試みにほかならないであろう。このようにして倫理および政治の領域に哲学の独自性を見出そうとする企ては、その論旨の運びに見られる粗っぽさはともかくとして、「哲学とは何か」という問いに対する一つの回答として、時空を超えて同じ問いに直面するわれわれにとってもまた、今日なお意義ある試みと言えるのではないだろうか。

三　天文学と哲学の関係をめぐって

これまで見てきたように、本篇を貫く根本主題は、「知」を愛することとしての「哲学」もしくは「哲学すること」とは何なのか、という問いであるが、さしあたってその答えは、専門技術知とは重なることのない「倫理および政治の領域に関する知」とでもいったもの——アリストテレスの用語で言えば「ポリティケー」に相当するような——であるように見える。それは専門技術知を統括する知、*Meta*-Wissenschaft（メタ学問）というよりは、むしろ職人であれ、医師であれ、舵取りであれ、共同体を構成する人間としての人間のすべてに関わる知として、*Grund*-Wissenschaft（基礎学）もしくは*Ur*-Wissennschaft（原学問）の位置を占めるものとして構想されていると言えるかもしれない。

ただ、「知」の内実をめぐって、ここで改めて問題になるのは、哲学する者が希求する知と区別されている専門技術知の範囲がどこまで及ぶのかが必ずしも明確ではない、ということである。すなわち、ソクラテスと哲学青年のあいだのやり取りから推測するかぎりでは、そのカテゴリーには「職人風情」が従事する手仕事から、手による作業のみならず高度の知的理解力も要すると思われる医術や航海術、さらには建築術までもが含まれているように見える。問題は、作品の冒頭で二人の少年が夢中になって論争している「空の上のこと」に関する探究、すなわち天文学的探究は、ここで暗黙裡に想定されているかに見える「知」のヒエラルキーのどこに位置するのか、ということである。はたしてそれは専門技術知の一つとして位置づけられるものであって、哲学が希求する「知」とは区別されるものなのであろうか。

この問いに対する答えとしては、従来、二つの対立する解釈が提出されている。その一つは、ソクラテスが自分の知的遍歴を語り、アナクサゴラスの哲学に失望したことを語る『パイドン』の有名な一節（九七C—九九C）に依拠して、本篇においても、天文学的探究と哲学を同一視する「体育会系青年」のコメントに代表される哲学観を否定し、倫理・政治学的探究としての哲学に向かうべきことが示唆されていると見る解釈である。(7) もう一つの解釈は、天文学的探究を哲学が求める知から排除するのではなく、その一部もしくは予備学として積極的に評価する解釈である。(8)

訳者自身としては、後者に与したいと考えるものである。というのも、『パイドン』あるいは『パイドロス』冒頭の一節を考慮すれば、最初の解釈にも説得力が感じられるのは確かであるが、上記著作の一節に劣らず有名な『テアイテトス』の「脱線」部分におけるタレスの逸話（『テアイテトス』一七四A四—八参照）と、それを種としての「哲学者」像のスケッチのほうがより重要であるように思われるからである。[10] また、初期対話篇の一つに数えられる『ゴルギアス』でも、プレオネクシア（権力であれ、財であれ、他の者たちより多く自分のものにしようとすること）を「自然の正義」として正当化するカリクレスに対して、ソクラテスが天（ouranos）と地（gē）と神々と人間のすべてを友愛と秩序と節度と正義が結合しているがゆえに「コスモス」（秩序あるもの）と呼ばれていることに注意を促し、カリクレスが神々の世界と人間界の両方を支配する「幾何学的平等」に気づかない理由を幾何学の不勉強に求めていること（『ゴルギアス』五〇七E六—五〇八A八参照）もまた、後者の解釈を支持するように思われる。思い起こせば、少年たちはまさに「複数の円」を描きながら論争していたのである。

四　『リュシス』との関連について

最後に本篇と『リュシス』の関連について述べれば、まず目につくのは、舞台設定の類似性であろう。なるほど、『リュシス』における対話の場は体育所であり、『恋がたき』では読み書きの学校であるが、ともに少年たちと彼らの追っかけ（?）青年たちが集う場所である。さらに少年たちの中でも、特に二人の少年にスポットライトがあてられている点も共通している。ただし、『リュシス』ではリュシスとメネクセノスがソクラテスの対話相手を務めているのに対して、『恋がたき』では少年たちは匿名のまま、もっぱら聞き役に徹し、対話の相手は青年たちである、という違いがある。しかし、このような差異も含んだ外的類似性よりもはるかに重要なのは、まさに「哲学とは何か」という問いの根幹に関わる内的連関であろう。

すでに見たように、『恋がたき』の主題はこの「哲学とは何か」という問いであったが、「哲学」という語の本来の意味は、繰り返し述べたように、「知」を「愛すること」にほかならない。そして、愛し求められるべき「知」が何であるかについて探究することこそが『恋がたき』の課題であったが、他方『リュシス』においては「愛する（phileō）」とはどういうことなのかが根本から問われているのである。したがって、「知を愛すること」としての「哲学」の内実を明らかにするためには、両対話篇における探究を統合・止揚することが求められるのである。はたしてそれが可能かどうか——その問いに対する答えは読者諸兄に委ねることとして、ひとまず筆を擱くことにしたい。

（1）ディオゲネス・ラエルティオスは「『恋がたき』または『哲学について』」としているが、後者は内容を示す副題と見てよいであろう（加来彰俊訳『ギリシア哲学者列伝』上、岩波文庫、一九八四年、二九二頁）。

（2）なお、グロートは当該作品に関する章の表題を *ERASTAE OR ANTERASTAE* としている（Grote, 442）。

（3）シュライエルマッハー以降の流れの中で「偽作」という烙印が哲学的意義に富む作品そのものの軽視あるいは無視につながったことに対する的確な批判としては、納富、五五頁、および七五頁、註（23）を参照。

（4）なお、アンナスもまた『アルキビアデス』と『恋がたき』の重要性を強調している（Annas, 111）。

（5）原語は philosophein.『リュシス』第二部訳註＊6参照。

（6）この「大工」と「棟梁」の関係は、今日における「二級建築士」と「一級建築士」の関係には対応しない。というのも、二級建築士の主たる業務も設計・監理であって、現場で実際に部材を組み立てること（手作業）はないと考えられるからである。もちろん、大工が建築士の資格をとれば、両方を兼ね備えることになる。なお、ブリュエルによれば、フェアバンクスはここでソクラテスは「最も難しい技術」（建築術を指す）を例として挙げているとしているそうである（Bruell, 97, n. 4）。同感である。

（7）チェントローネは、このような解釈を「一般に流布している見解（die übliche Interpretation）」とみなし、ヴィラモーヴィッツ＝メーレンドルフなどの解釈を紹介しつつ、それに反論を加えている（Cf. Centrone, 40-42; Wilamowitz-Moellendorff, 326, Anm. 2）。

（8）Cf. Centrone, 43-44.

（9）『パイドロス』二三〇D四―五では、ソクラテスはパイドロスに向かって「土地や木々は僕に何一つ教えてくれようとしないが、町の人々は教えてくれるのだ」と語っている。

（10）『テアイテトス』一七四A八―一七五B七で語られる、世知に疎い哲学者像と、それに込められた哲学的メッセージについては、拙論「我らいまだ神に遠く――現代世界と哲学的視点」（『思想』第九六七号、二〇〇四年一一月、四六―五九頁）を参照。

文献表

一 『リュシス』関連文献

テクスト、註釈書、翻訳

Ast, Friedrich (ed. et tr.), *Platonis Opera VIII*, Leipzig: Libraria Weidmannia, 1825.
Bekker, Immanuel (ed.), *Platonis Opera*, Vol. I, London: A. J. Valpy, 1826.
Bolotin, David (tr.), *Plato's Dialogue on Friendship: An Introduction of the* Lysis, *with a New Translation*, Ithaca: Cornell University Press, 1979.
Bordt, Michael (Übers.), *Platon Werke*, Bd. V4: *Lysis: Übersetzung und Kommentar*, Göttingen: Vandenhoeck & Ruprecht, 1998.
Burnet, John (ed.), *Platonis Opera III*, Oxford: Oxford University Press, 1903.
Croiset, Alfred (éd. et tr.), *Platon*, *Œuvres complètes*, tome 2: *Hippias majeur*, *Charmide*, *Lachès*, *Lysis*, Paris: Les Belles Leters, 1921.
Ficino, Marsilio (tr.), *Divini Platonis Opera Omnia*, Lyons, 1557.
Greene, William Chase (ed.), *Scholia Platonica*, Pennsylvania: Societas Philologica Americana, 1938.

Heindorf, Ludwig Friedrich (ed.), *Platonis Dialogi quatuor: Lysis, Charmides, Hippias Maior, Phaedrus*, commentarii, Berlin: Libraria Nauckiana, 1802.

Hermann, Karl Friedrich (ed.), *Appendix Platonica*, Leipzig: B. G. Teubner, 1875.

Hirschig, R. B. (ed. et tr.), *Platonis Opera*, vol. 1, Paris: A. Firmin-Didot, 1856.

Hunziker, Jacob et Friedrich Dübner (ed.), *Platonis Opera*, vol. 3, argumenta dialogorum, prolegomena et scholia, Paris: A. Firmin-Didot, 1873.

Lamb, W. R. M. (tr.), *Plato*, Vol. 5, Cambridge, Mass.: Harvard University Press (Loeb Classical Library), 1925.

Müller, Hieronymus (Übers.), *Platons Sämmtliche Werke*, Bd. 1, Leipzig: F. A. Brockhaus, 1850.

Schleiermacher, Friedrich (Übers.), *Platons Werke*, T. 1, Bd. 1, Berlin, 1855.

Stallbaum, Gottfried (ed.), *Platonis Opera Omnia IV*, prolegomena et commentarii, Gotha: Hennings, 1857.

Taylor, Thomas (tr.), *The Works of Plato*, Vol. 5, London, 1805.

Vicaire Paul (éd.), *Platon: Lachès et Lysis*, édition, introduction et commentaire, Paris: Presses universitaires de France, 1963.

飯尾都人訳『リュシス』、『プラトン著作集』第四巻、勁草書房、一九七九年。

生島幹三訳『リュシス』、『プラトン全集』第七巻、岩波書店、一九七五年。

中村一彦訳「プラトン『リュシス』研究——訳と注」、『釧路公立大学紀要　人文・自然科学研究』

第七号、一九九五年、三九―八一頁。

――「プラトン『リュシス』研究――注・続（補遺）」、『釧路公立大学紀要 人文・自然科学研究』第一〇号、一九九八年、七一―八八頁。

山本光雄訳『リュシス』、『プラトン全集』第四巻、角川書店、一九七三年。

参考文献

Aeschines, *The Speeches of Aeschines*, with an English translation by Charles Darwin Adams, Cambridge, Mass.: Harvard University Press (Loeb Classical Library), 1958.（アイスキネス『弁論集』木曽明子訳、京都大学学術出版会（西洋古典叢書）、二〇一二年）
Cicero, Marcus Tullius, *De Senectute, de Amicitia, de Divinatione*, with an English translation by William Armistead Falconer, Cambridge, Mass.: Harvard University Press (Loeb Classical Library), 1923.（『大カトー・老年について』中務哲郎訳、『キケロー選集』第九巻、岩波書店、一九九九年）
Dirlmeier, Franz, *ΦΙΛΟΣ und ΦΙΛΙΑ im vorhellenistischen Griechentum*, München, 1931.
Gadamer, Hans-Georg, „Logos und Ergon im platonischen ‘Lysis’“, in *Kleine Schriften*, Bd. 3, Tübingen: J. C. B. Mohr, 1972, S. 50-63.
Glaser, Konrad, „Gang und Ergebnis des Platonischen Lysis“, *Wiener Studien*, 53, 1935, S. 47-67.
Glidden, David K. 1980, “The Language of Love: *Lysis* 212a8-213c9”, *Pacific Philosophical*

Quarterly, 61, pp. 276-290.

—— 1981, “The *Lysis* on Loving One’s Own”, *Classical Quarterly*, 31 (1), pp. 39-59.

Hoerber, Robert G., “Plato’s *Lysis*”, *Phronesis*, 4 (1), 1959, pp. 15-28.

Konstan, David, *Friendship in the Classical World*, Cambridge: Cambridge University Press, 1997.

Levin, Donald Norman, “Some Observations Concerning Plato’s *Lysis*”, in *Essays in Ancient Greek Philosophy*, Vol. 1, edited by John P. Anton with George L. Kustas, Albany: State University of New York Press, 1971, pp. 236-258.

Long, H. S. (ed.), *Diogenis Laertii Vitae Philosophorvm*, tomus 1, Oxford: Clarendon Press, 1964.

Mackenzie, Mary Margaret, “Impasse and Explanation: From the *Lysis* to the *Phaedo*”, *Archiv für Geschichte der Philosophie*, 70 (1), Jan. 1988, S. 15-45.

McTighe, Kevin, “Interpretations: Nine Notes on Plato’s *Lysis*”, *American Journal of Philology*, 104 (1), Spring 1983, pp. 67-82.

Nails, Debra, *The People of Plato: A Prosopography of Plato and Other Socratics*, Indianapolis: Hackett, 2002.

Obdrzalek, Suzanne, “Review: T. Penner, C. Rowe, *Plato’s Lysis*”, *Bryn Mawr Classical Review*, 2006 [http://bmcr.brynmawr.edu/2006/2006-11-35.html].

Penner, Terry and Christopher Rowe, *Plato’s* Lysis, analysis and translation, Cambridge:

Cambridge University Press, 2005.

Plato, *Plato's* Phaedo, edited with introduction and notes by John Burnet, Oxford: Clarendon Press, 1911.

Plutarchus, *Plutarch's Lives*, Vol. 4, with an English translation by Bernadette Perrin, Cambridge, Mass.: Harvard University Press (Loeb Classical Library), 1916.（『プルタルコス英雄伝』上、村川堅太郎編、筑摩書房（ちくま文庫）、一九八七年）

Price, A. W., *Love and Friendship in Plato and Aristotle*, Oxford: Clarendon Press, 1989.

Sedley, David, "Is the *Lysis* a Dialogue of Definition?", *Phronesis*, 34 (1), 1989, pp. 107-108.

Vlastos, Gregory, "The Individual as Object of Love in Plato", in *Platonic Studies*, 2nd ed., Princeton, N. J.: Princeton University Press, 1981, pp. 3-42.

アリストテレス 二〇〇一『政治学』牛田徳子訳、京都大学学術出版会（西洋古典叢書）。

—— 二〇一四『ニコマコス倫理学』神崎繁訳、『アリストテレス全集』第一五巻、岩波書店。

—— 二〇一六『エウデモス倫理学』荻野弘之訳、『アリストテレス全集』第一六巻、岩波書店。

—— 二〇一五—一六『ニコマコス倫理学』（全二冊）、渡辺邦夫・立花幸司訳、光文社（光文社古典新訳文庫）。

桜井万里子『ソクラテスの隣人たち——アテナイにおける市民と非市民』山川出版社（歴史のフロンティア）、一九九七年。

澤田典子『アテネ民主政——命をかけた八人の政治家』講談社（講談社選書メチエ）、二〇一〇年。

田中一孝「一方向的な愛と相互的な愛——プラトン『リュシス』における友愛論」、『古代哲学研

究』第三八号、二〇〇六年、一七―三三頁。

田中伸司 一九九一「プラトン『リュシス』篇の構造」、『北海道大学文学部紀要』第四〇巻第一号、一九九一年一一月、一―六四頁。

―― 二〇〇六『対話とアポリア――ソクラテスの探求の論理』知泉書館（静岡大学人文学部研究叢書）。

茶谷直人「『リュシス』におけるメネクセノスとリュシス」、『神戸大学文学部紀要』第四二号、二〇一五年三月、一―二五頁。

土橋茂樹『善く生きることの地平――プラトン・アリストテレス哲学論集』知泉書館、二〇一六年。

波多野知子「プラトン『リュシス』篇の問いと例示《エピデイクシス》――「何であるか」と「どのようにするか」との間で」、『西洋古典学研究』第五三号、二〇〇五年三月、八〇―九一頁。

宮崎文典「友愛と対話――プラトン『リュシス』における友としての人」、学習院大学人文科学研究所『人文』第一三号、二〇一五年三月、七―二〇頁。

二 『恋がたき』関連文献

使用テクスト

Burnet, John (ed.), *Platonis Opera II*, Oxford: Oxford University Press, 1976.

以下のテクスト（翻訳と訳註を含む）も参照した。

Lamb, W. R. M. (tr.), *The Lovers*, in *Plato*, Vol. 8, Cambridge, Mass.: Harvard University Press (Loeb Classical Library), 1955.

Souilhé, Joseph (éd. et tr.), *Les Rivaux*, in *Platon, Œuvres complètes*, tome 13: *Dialogues apocryphes*, Paris: Les Belles Lettres, 1962.

翻　訳

Schleiermacher, Friedrich (Übers.), *Die Nebenbuhler*, in *Platons Werke*, T. 2, Bd. 3, Berlin, 1809.

Leake, James (tr.), *Lovers*, in *The Roots of Political Philosophy: Ten Forgotten Socratic Dialogues*, edited by Thomas L. Pangle, Ithaca: Cornell University Press, 1987.

Mitscherling, Jeffrey (tr.), *Rival Lovers*, in *Plato, Complete Works*, edited, with introduction and notes, by John M. Cooper, Indianapolis: Hackett, 1997.

東千尋訳『恋仇』、『プラトン全集』第三巻、角川書店、一九七三年。

田之頭安彦訳『恋がたき』、『プラトン全集』第六巻、岩波書店、一九七五年。

参考文献

Annas, Julia, "Self-Knowledge in Early Plato", in *Platonic Investigations*, edited by Dominic

J. O'Meara, Washington, D. C.: Catholic University of America Press, 1985, pp. 111-138.

Bruell, Christopher, "On the Original Meaning of Political Philosophy: An Interpretation of Plato's *Lovers*", in *The Roots of Political Philosophy: Ten Forgotten Socratic Dialogues*, edited by Thomas L. Pangle, Ithaca: Cornell University Press, 1987

Centrone, Bruno, „Die *Anterastai* und Platons erotische Dialoge", in *Pseudoplatonica: Akten des Kongresses zu den Pseudoplatonica vom 6.-9. Juli 2003 in Bamberg*, herausgegeben von Klaus Döring, Michael Erler, Stefan Schorn, Stuttgart: Franz Steiner, 2005, S. 37-49.

Crombie, I. M., *An Examination of Plato's Doctrines*, I: *Plato on Man and Society*, London: Routledge & Kegan Paul, 1962.

Diels, Hermann und Walther Kranz (hrsg.), *Die Fragmente der Vorsokratiker*, 17. Aufl., 3 Bde, Dublin / Zürich: Weidmann, 1974.（内山勝利編『ソクラテス以前哲学者断片集』（全五冊＋別冊）、岩波書店、一九九六―九八年）

Grote, George, *Plato, and the Other Companions of Sokrates*, 3rd ed., Vol. 2, London: Murray, 1875.

Heidel, William Arthur, *Pseudo-Platonica*, Baltimore: The Friedenwald Company, 1896.

Liddell, Henry George and Robert Scott, *Greek-English Lexicon*, 9th ed., Oxford: Oxford University Press, 1996.（L & S と略）

Wilamowitz-Moellendorff, Ulrich von, *Platon*, 2. Aufl., Bd. 2, Berlin:Weidmann, 1920.

ディオゲネス・ラエルティオス『ギリシア哲学者列伝』上、加来彰俊訳、岩波書店（岩波文庫）、一九八四年。

中畑正志「Μηδὲν ἄγαν から離れて——自己知の原型と行方」、『西洋古典学研究』第LXI号、二〇一三年三月、一〇〇—一〇八頁。

納富信留「哲学は何でないかについての予備考察——プラトン『恋する者たち』の哲学的可能性」、九州大学文学部『哲學年報』第五九輯、二〇〇〇年三月、四九—七八頁。

訳者あとがき

本書に収めた二作品は、従来のプラトン研究において比較的マイナーな扱いをされてきたが、読者を飽きさせることなく対話が展開し、哲学することの楽しさを体験させてしまうという点では、まさにプラトンらしい対話篇だと言える。このたび、両対話篇が講談社学術文庫から刊行され、広く読まれる場を得たことは、人文学の冬の時代とも言われる状況の中で、一つの大きな僥倖である。本書が、身近に哲学を求める人たちの渇きに、わずかでも応えていることを願う。

＊

編集担当の互盛央氏にお会いしたのは、二〇一六年の二月、東京駅の喫茶室でのことであった。氏のプラトン翻訳出版への熱意に促され、田中が『リュシス』を、三嶋が『恋がたき』を担当し、二篇を合わせて訳出する、という本書の企画がまとまった。一年がかりの仕事となったが、出版にまでたどりつくことができたのは、ひとえに互氏の懇切な助言と励ましのおかげである。訳稿の作成にあたっては、両訳者が互いの訳文をギリシア語原文に照らしてチェックし、再三にわたって朱を入れ合った。互氏には訳文および「解説」について丹念に検討していただき、多くの生硬な表現を改めることができた。また、いつもながら多くの貴重なご指摘をいただいた講談社校閲部の皆様がたに、厚くお礼申し上げる。

なお、『リュシス』の翻訳について、故・中村一彦教授から訳者の田中が受けた学恩について一言述べておきたい。修士課程の頃に出席した先生の演習において、膨大な資料の海で溺れそうになっていた田中に対して、先生は対話篇を正確に読むということ、すなわち翻訳には表れないであろう一単語にもこだわって読むという読み方を手ほどきしてくださった。今回の翻訳で先生から受けた学恩にどの程度報いることができたか、いささか心もとなくはあるが、この場をお借りして深く感謝申し上げる。

また、学生時代から親身なご指導をいただき、今回の翻訳にあたっても、心折れることがないようにと、幾度も励ましてくださった田中享英先生に、心よりお礼申し上げたく思う。

＊

アカデメイアで学んだアリストテレスは、のちにみずからの学園リュケイオンで『リュシス』の友愛論を批判的に継承し、師プラトンとは異なった仕方で『恋がたき』の問いに答えた。アカデメイアからリュケイオンに向かってソクラテスが歩んでいくという『リュシス』冒頭のくだりを、彼はどのような感慨をもって読み返したのだろうか。

答えのない問いであるが、念頭を去ることのない問いでもある。

二〇一七年九月

田中伸司　三嶋輝夫

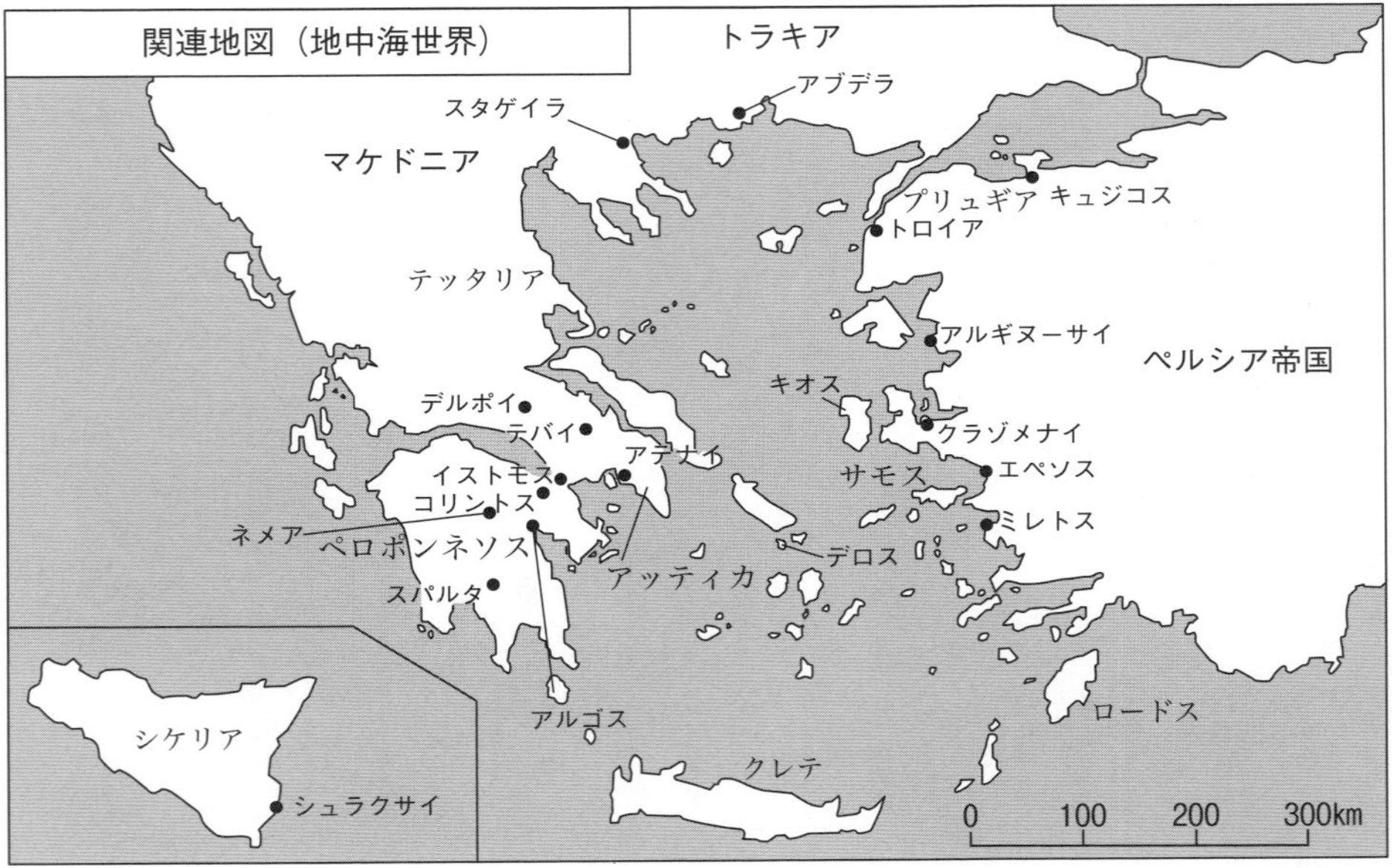
関連地図（地中海世界）
トラキア
アブデラ
スタゲイラ
マケドニア
プリュギア
キュジコス
トロイア
テッタリア
アルギヌーサイ
ペルシア帝国
キオス
デルポイ
テバイ
クラゾメナイ
アテナイ
イストモス
サモス
エペソス
コリントス
ミレトス
ネメア
ペロポンネソス
デロス
アッティカ
スパルタ
アルゴス
ロードス
シケリア
クレテ
シュラクサイ
0
100
200
300km

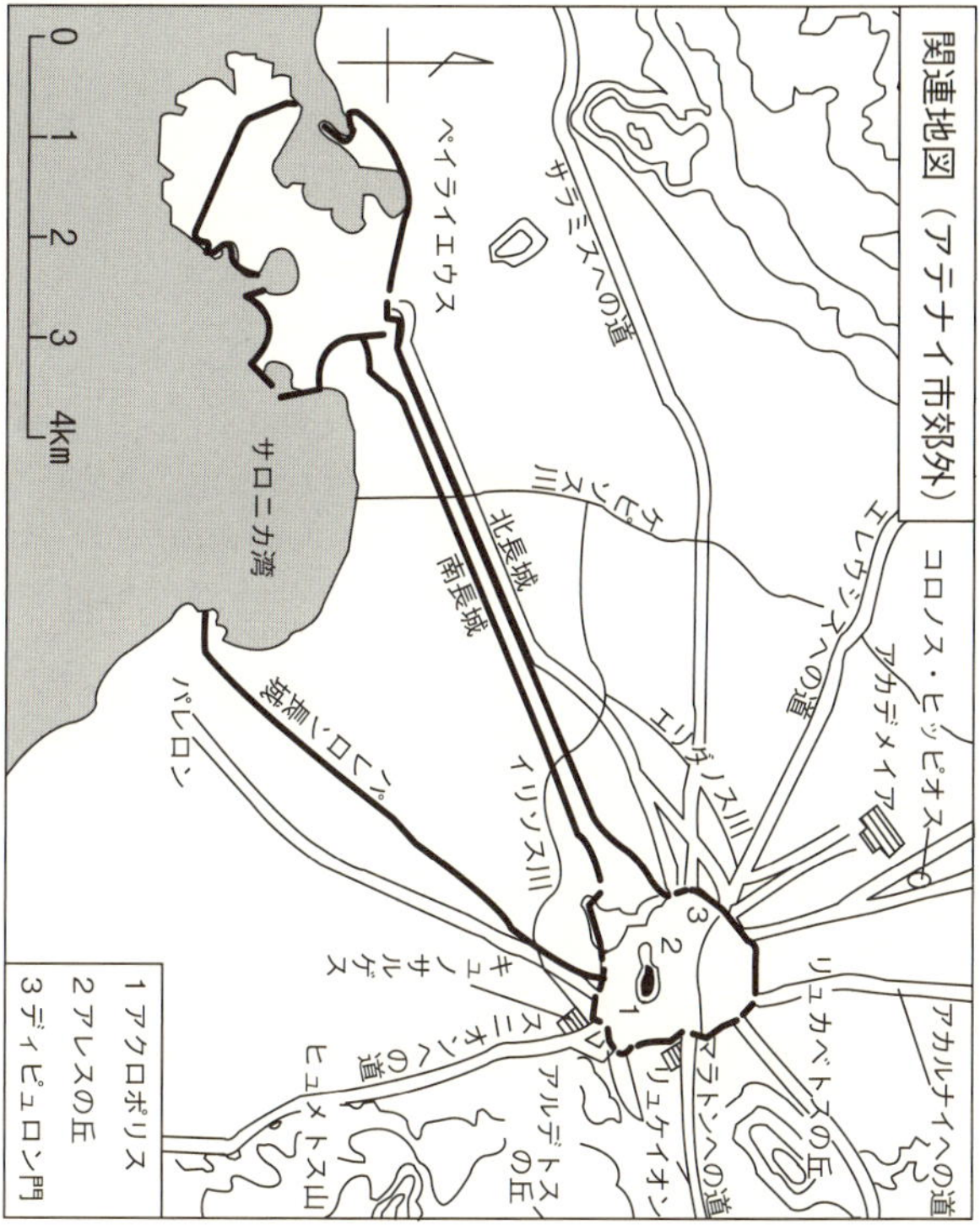
関連地図（アテナイ市郊外）
コロノス・ヒッピオス
アカデメイア
エレウシスへの道
アカルナイへの道
リュカベトスの丘
マラトンへの道
リュケイオン
アルデトスの丘
ヒュメトス山
スニオンへの道
キュノサルゲス
イリソス川
エリダノス川
ケピソス川
北長城
南長城
パレロン長城
パレロン
サロニカ湾
ペイライエウス
サラミスへの道
0 1 2 3 4km
1 アクロポリス
2 アレスの丘
3 ディピュロン門

前384年　アリストテレス、スタゲイラに生まれる。
前370年頃　デモクリトス死す。
前367年頃　プラトン、二回目のシケリア訪問。アリストテレス、アテナイに出て、アカデメイアに入学（17歳）。
前361年頃　プラトン、三回目のシケリア訪問。
前356年　アレクサンドロス（のちの大王）、マケドニアに生まれる。
前347年　プラトン死去。甥のスペウシッポス、アカデメイアの学頭に。アリストテレス、アテナイを去る。
前339年　スペウシッポス死す。クセノクラテス、アカデメイアの学頭に。
前335年　アリストテレス、アテナイに帰還、リュケイオンに学園設立。ペリパトス（逍遥）派と呼ばれる。
前323年　アレクサンドロス大王死す。
前322年　アリストテレス死す。
前314年　クセノクラテス死す。ポレモン、アカデメイアの学頭に。
前275年頃　エラトステネス、キューレーネーに生まれる。
前194年頃　エラトステネス死す。

関連年表

前469年	ソクラテス、アテナイに生まれる。
前460年頃	デモクリトス、アブデラに生まれる。
前450年	アルキビアデス、アテナイに生まれる。
前431年	ペロポンネソス戦争勃発。
前427年	プラトン、アテナイに生まれる。
前415年	アテナイ軍、シケリアに遠征。ニキアス、ラマコスとともにアルキビアデス指揮官に任命される。出航後、ヘルメス像破壊の容疑で召還命令を受け、ラケダイモン（スパルタ）に逃亡、対アテナイ戦遂行に協力。
前413年	シケリアのアテナイ遠征軍降伏。ニキアス処刑される。
前411年	アルキビアデス、ラケダイモンに反旗、その海軍をキュジコス沖で撃破。アテナイで四〇〇人政権成立。
前407年	アルキビアデス、アテナイに凱旋。
前406年	アルキビアデス失脚。アルギヌーサイ沖海戦、アテナイ軍勝利するも、市民の怒りを買い、ソクラテスの反対にもかかわらず、一括裁判で将軍たちは処刑。
前404年	アテナイ降伏。ペロポンネソス戦争終わる。アルキビアデス、亡命先のプリュギアで刺客に襲われ、死去。クリティアスたちによる三〇人政権樹立。翌年、民主派との戦いに敗れて崩壊、クリティアスは戦死。
前399年	ソクラテス、裁判で死刑判決を受け、刑死。
前387年頃	プラトン、アカデメイアに学園設立。

KODANSHA

＊本書は、講談社学術文庫のための新訳です。

田中伸司（たなか　しんじ）
1960年生まれ。北海道大学大学院文学研究科博士後期課程中退。博士（文学）。現在，静岡大学教授。専門は古代ギリシア哲学・倫理学。著書に『対話とアポリア』，訳書にミヒャエル・エルラー『プラトン』（共訳）。

三嶋輝夫（みしま　てるお）
1949年生まれ。東京大学大学院人文科学研究科博士課程単位取得退学。元青山学院大学教授。専門は倫理学・ギリシア哲学。著書に『規範と意味』ほか，訳書にプラトン『ラケス』，『アルキビアデス　クレイトポン』ほか。

講談社学術文庫

定価はカバーに表示してあります。

リュシス　恋《こい》がたき

プラトン

田中伸司《たなかしんじ》・三嶋輝夫《みしまてるお》 訳

2017年12月11日　第1刷発行
2022年10月12日　第2刷発行

発行者　鈴木章一
発行所　株式会社講談社
東京都文京区音羽 2-12-21 〒112-8001
電話　編集（03）5395-3512
販売（03）5395-4415
業務（03）5395-3615
装　幀　蟹江征治
印　刷　株式会社広済堂ネクスト
製　本　株式会社国宝社
本文データ制作　講談社デジタル製作

ISBN978-4-06-292459-7

「講談社学術文庫」の刊行に当たって

これは、学術をポケットに入れることをモットーとして生まれた文庫である。学術は少年の心を養い、成年の心を満たす。その学術がポケットにはいる形で、万人のものになることは、生涯教育をうたう現代の理想である。

こうした考え方は、学術を巨大な城のように見る世間の常識に反するかもしれない。また、一部の人たちからは、学術の権威をおとすものと非難されるかもしれない。しかし、それはいずれも学術の新しい在り方を解しないものといわざるをえない。

学術は、まず魔術への挑戦から始まった。やがて、いわゆる常識をつぎつぎに改めていった。学術の権威は、幾百年、幾千年にわたる、苦しい戦いの成果である。こうしてきずきあげられた城が、一見して近づきがたいものにうつるのは、そのためである。しかし、学術の権威を、その形の上だけで判断してはならない。その生成のあとをかえりみれば、その根は常に人々の生活の中にあった。学術が大きな力たりうるのはそのためであって、生活をはなれた学術は、どこにもない。

開かれた社会といわれる現代にとって、これはまったく自明である。生活と学術との間に、もし距離があるとすれば、何をおいてもこれを埋めねばならない。もしこの距離が形の上の迷信からきているとすれば、その迷信をうち破らねばならぬ。

学術文庫は、内外の迷信を打破し、学術のために新しい天地をひらく意図をもって生まれた。文庫という小さい形と、学術という壮大な城とが、完全に両立するためには、なおいくらかの時を必要とするであろう。しかし、学術をポケットにした社会が、人間の生活にとってより豊かな社会であることは、たしかである。そうした社会の実現のために、文庫の世界に新しいジャンルを加えることができれば幸いである。

一九七六年六月

野間省一

西洋の古典

十二世紀のルネサンス　ヨーロッパの目覚め
チャールズ・H・ハスキンズ著／別宮貞徳・朝倉文市訳

ローマ古典の再発見、新しい法学、アラビアの先進知識との遭遇、大学の誕生――イタリア・ルネサンス以前、中世の西欧ではすでに知的復興が行われていた！世界史の常識を覆し、今も指標とされる不朽の名著。

2444

宗教改革三大文書　付「九五箇条の提題」
マルティン・ルター著／深井智朗訳

記念碑的な文書「九五箇条の提題」とともに、一五二〇年に公刊され、宗教改革を決定づけた『キリスト教界の改善について』、『教会のバビロン捕囚について』、『キリスト者の自由について』を新訳で収録した決定版。

2456

言語起源論
ヨハン・ゴットフリート・ヘルダー著／宮谷尚実訳

神が創り給うたのか？　それとも、人間が発明したのか？――古代より数多の人々を悩ませてきた難問に果敢に挑み、大胆な論を提示して後世に決定的な影響を与えた名著。初めて自筆草稿に基づいた決定版新訳！

2457

書簡詩
ホラーティウス著／高橋宏幸訳

古代ローマを代表する詩人ホラーティウスの主著。オウィディウス、ペトラルカ、ヴォルテールに連なる韻文による書簡の伝統は、ここに始まった。名高い『詩論』を含む古典を清新な日本語で再現した待望の新訳。

2458

リュシス　恋がたき
プラトン著／田中伸司・三嶋輝夫訳

美少年リュシスとその友人を相手にプラトンが「友愛」とは何かを論じる『リュシス』。そして、「知を愛すること」としての「哲学」という主題を扱った『恋がたき』。「愛すること」で貫かれた名対話篇、待望の新訳。

2459

メタサイコロジー論
ジークムント・フロイト著／十川幸司訳

「抑圧」、「無意識」、「夢」など、精神分析の基本概念を刷新するべく企図された幻の書『メタサイコロジー序説』に収録されるはずだった論文のうち、現存する六篇すべてを集成する。第一級の分析家、渾身の新訳！

2460

西洋の古典

国家の神話
エルンスト・カッシーラー著／宮田光雄訳

稀代の碩学カッシーラーが最晩年になってついに手がけた畢生の記念碑的大作。独自の「シンボル（象徴）」理論に基づき、古代ギリシアから中世を経て現代に及ぶ壮大なスケールで描き出される怒濤の思想的ドラマ！

2461

七十人訳ギリシア語聖書 モーセ五書
秦　剛平訳

前三世紀頃、七十二人のユダヤ人長老がヘブライ語聖書をギリシア語に訳しはじめた。この通称「七十人訳」こそ、現存する最古の体系的聖書でありイエスの時代の聖書である。西洋文明の基礎文献、待望の文庫化！

2465

ホモ・ルーデンス 文化のもつ遊びの要素についてのある定義づけの試み
ヨハン・ホイジンガ著／里見元一郎訳

「人間の文化は遊びにおいて、遊びとして、成立し、発展した」――。遊びをめぐる人間活動の本質を探究、「遊びの相の下に」人類の歴史を再構築した人類学の不朽の大古典！　オランダ語版全集からの完訳。

2479

ヨハネの黙示録
小河　陽訳（図版構成・石原綱成）

正体不明の預言者ヨハネが見た、神の審判による世界の終わりの幻。最後の裁きは究極の破滅か、永遠の救いか――？　新約聖書の中で異彩を放つ謎多き正典のすべてを、現代語訳と八十点余の図像で解き明かす。

2496

仕事としての学問 仕事としての政治
マックス・ウェーバー著／野口雅弘訳

マックス・ウェーバーが晩年に行った、二つの講演の画期的新訳。『職業としての学問』と『職業としての政治』の邦題をあえて変更し、生計を立てるだけの「職業」ではない学問と政治の大切さを伝える。

2500

社会学的方法の規準
エミール・デュルケーム著／菊谷和宏訳

ウェーバーと並び称される社会学の祖デュルケームは、一八九五年、新しい学問を確立するべく、記念碑的なマニフェストとなった本書を発表する。社会学とは何を扱う学問なのか？――決定版新訳が誕生。

2501

西洋の古典

世界史の哲学講義　ベルリン 1822／23年（上）（下）
G・W・F・ヘーゲル著／伊坂青司訳

一八二二年から没年（一八三一年）まで行われた講義のうち初年度を再現。上巻は序論「世界史の概念」から本論第一部「東洋世界」を、下巻は第二部「ギリシア世界」から第四部「ゲルマン世界」をそれぞれ収録。

2502・2503

小学生のための正書法辞典
ルートヴィヒ・ヴィトゲンシュタイン著／丘沢静也・荻原耕平訳

ヴィトゲンシュタインが生前に刊行した著書は、たった二冊。一冊は『論理哲学論考』、そして教員生活を送っていた一九二六年に書かれた本書である。長らく未訳のままだった幻の書、ついに全訳が完成。

2504

言語と行為　いかにして言葉でものごとを行うか
J・L・オースティン著／飯野勝己訳

言葉は事実を記述するだけではない。言葉を語ることがそのまま行為をすることになる場合がある――「確認的」と「遂行的」の区別を提示し、「言語行為論」の誕生を告げる記念碑的著作、初の文庫版での新訳。

2505

老年について　友情について
キケロー著／大西英文訳

偉大な思想家にして弁論家、そして政治家でもあった古代ローマの巨人キケロー。その最晩年に遺された著作のうち、もっとも人気のある二つの対話篇。生きる知恵を今に伝える珠玉の古典を一冊で読める新訳。

2506

技術とは何だろうか　三つの講演
マルティン・ハイデガー著／森　一郎編訳

第二次大戦後一九五〇年代に行われたテクノロジーをめぐる講演のうち代表的な三篇「物」、「建てること、住むこと、考えること」、「技術とは何だろうか」を新訳で収録する。技術に翻弄される現代に必須の一冊。

2507

閨房の哲学
マルキ・ド・サド著／秋吉良人訳

数々のスキャンダルによって入獄と脱獄を繰り返し、人生の三分の一以上を監獄で過ごしたサドのエッセンスが本書には盛り込まれている。第一級の研究者がついに手がけた「最初の一冊」に最適の決定版新訳。

2508

西洋の古典

物質と記憶
アンリ・ベルクソン著／杉山直樹訳

フランスを代表する哲学者の主著——その新訳を第一級の研究者が満を持して送り出す。簡にして要を得た訳者解説を収録した文字どおりの「決定版」である本書は、ベルクソンを読む人の新たな出発点となる。

2509

科学者と世界平和
アルバート・アインシュタイン著／井上　健訳（解説：佐藤　優／筒井　泉）

ソビエトの科学者との戦争と平和をめぐる対話「科学者と世界平和」。時空の基本概念から相対性理論の着想、統一場理論への構想まで記した「物理学と実在」。平和と物理学、それぞれに統一理論はあるのか？

2519

中世都市　社会経済史的試論
アンリ・ピレンヌ著／佐々木克巳訳（解説・大月康弘）

「ヨーロッパの生成」を中心テーマに据え、二十世紀を代表する歴史家となったピレンヌ不朽の名著。地中海を囲む古代ローマ世界はゲルマン侵入とイスラーム勢力によっていかなる変容を遂げたのかを活写する。

2526

箴言集
ラ・ロシュフコー著／武藤剛史訳（解説・鹿島茂）

十七世紀フランスの激動を生き抜いたモラリストが、人間の本性を見事に言い表した「箴言」の数々。鋭敏な人間洞察と強靭な精神、ユーモアに満ちた短文が、自然に読める新訳で、現代の私たちに突き刺さる！

2561

国富論（上）（下）
アダム・スミス著／高哲男訳

スミスの最重要著作の新訳。「見えざる手」による自由放任を推奨するだけの本ではない。分業、貨幣、利子、貿易、軍備、インフラ整備、税金、公債など、経済の根本問題を問う近代経済学のバイブルである。

2562・2563

ペルシア人の手紙
シャルル＝ルイ・ド・モンテスキュー著／田口卓臣訳

二人のペルシア貴族がヨーロッパを旅してパリに滞在している間、世界各地の知人たちとやり取りした虚構の書簡集。刊行（一七二一年）直後から大反響を巻き起こした異形の書を、気鋭の研究者による画期的新訳。

2564